Unserem ideenreichen
„VINETA-Guide"
und seiner aufmerksamen Souffleuse
mit Dank für herrliche Führungen
durch die Natur, über Radwege mit
kulturellen Zielen und geselligen
Tennisplatz-Abweichungen!

Frieda + Dagie
Manfred + Monika
Moni u. Herwig
Horst + Renate

Zinnowitz im Juni 2011

Preussenhof

SEEHOTEL
AHLBECKER HOF
London
TAXI

Ostseebäder auf der Insel Usedom

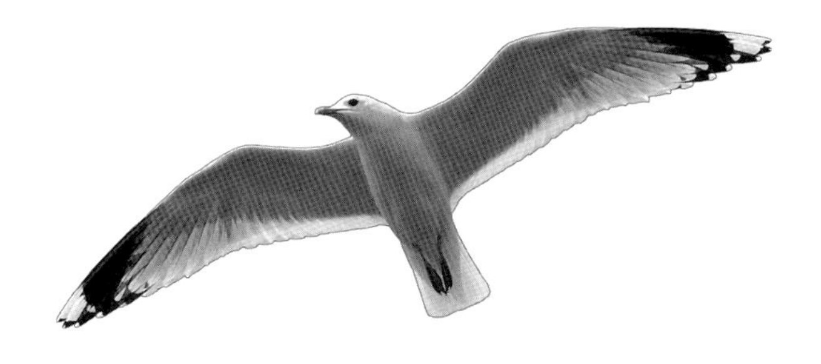

Geschichte und Architektur

Dietrich Gildenhaar

Volker Schrader

Küstenland

Ostseebäder auf der Insel Usedom

Usedom ist die zweitgrößte Insel Deutschlands. Sie überrascht und begeistert ihre Besucher mit einer ungewöhnlichen landschaftlichen Vielfalt. Im Nordosten umspülen sie die Wellen der Ostsee, im Südwesten trennt sie das Achterwasser und im Westen der mächtige Peenestrom vom Festland, im Osten windet sich die Swine zwischen Usedom und der Nachbarinsel Wollin hindurch, um sich im Süden mit dem Kleinen Meer, dem Stettiner Haff, zu vereinigen. Die Kräfte der Natur schufen auf Usedom sowohl dicht bewaldete Hügelzangen, zwischen denen Seen und Halbinseln eingebettet sind, als auch Wiesenflächen, Moore und von Schilf begrenzte Uferzonen.

Die Insel Usedom war wegen ihrer geografischen Lage im Oderdelta in kriegerischen Zeiten stets ein Objekt der Begierde fremder Mächte; ebenso bot sie Bauern, Seeleuten und Fischern wegen ihres natürlichen Reichtums annehmbare Lebensbedingungen. Das schöne Antlitz der Insel, ihre feinsandigen Strände, welligen Dünen und Steilküsten, ihr gesundheitsförderndes Klima und ihre sonnenreichen Sommer sollten erst viel später Romantiker, Reiseschriftsteller und Dichter entdecken. Sie erfreuten sich an der Natur, am einfachen Dasein und vor allem an den ungezügelten Gewalten des Meeres, ohne auch nur zu ahnen, dass sie damit ihrer Inselidylle und deren Bewohnern den Weg in die Zukunft wiesen.

Mit dem Baden im Meer begann eine Ära, die zusammen mit der unaufhaltsamen Entwicklung des Fremdenverkehrs einen neuen und profitablen Wirtschaftszweig erschloss. Die bis dahin beschaulichen Fischerdörfer verwandelten sich innerhalb weniger Jahre in mondäne Badeorte für ein Publikum, das es als seine gesellschaftliche Pflicht ansah, in der Saison an die See zu reisen.

Architekten, Investoren und Baumeistern boten sich schöpferische Spielräume, in denen sie ihre Ideen und Visionen auf vielfältige Art und Weise verwirklichen konnten. Die sich nun ausprägenden Ostseebäder Ahlbeck, Heringsdorf, Bansin, Zinnowitz, Koserow und Karlshagen entwickelten sich, wenn auch in räumlich unterschiedlichem Umfang, zu geordneten Ansammlungen von Villen, Pensionen, Flaniermeilen und Badeeinrichtungen nach dem Vorbild italienischer, französischer oder englischer Kurorte sowie repräsentativer und luxuriöser Bauten deutscher Großstädte, inbegriffen des individuellen Geschmacks an Wohnkomfort und Exklusivität im Zeitgeist der Wilhelminischen Epoche.

Aus Sicht der Kunst- und Bauhistoriker ist jene heute bewunderte und bestaunte „Bäderarchitektur" weder eine besondere Stilrichtung, noch eine spezifische Baugattung. Sie zeichnet sich vielmehr aus durch verschiedene Komponenten an Stilen, Ausstattungselementen und Nutzungsarten. Es handelt sich somit um einen Komplex von Bauten, der aus der Badekultur der Küsten hervorgegangen ist und bei aller örtlichen Unterschiedlichkeit als verbindende Merkmale ornamentreich gestaltete Loggien, Balkone, Portale oder Veranden aufweist. Darin findet sich eine Mischung aus neogotischen Details, französischen und italienischen Renaissanceformen oder Jugendstilelementen.

Eine weitere Phase der baulichen Gestaltung in den Seebädern brach an, als Reisen, Urlaub und Erholung die Grenzen des Elitären überschritten hatten und alle sozialen Schichten erfasste. Äußere Vielfalt wurde allmählich Schlichtem untergeordnet, Schmückendes in das Hausinnere verlegt und die Zweckmäßigkeit zuerst noch mit verputztem Backstein, dann mit Stahl und Beton realisiert. All das war architektonisch nicht mehr ostseetypisch, sondern überregional beliebig austauschbar. Die ehemaligen DDR-Ferienobjekte, Bettenhausbauten und Kulturhäuser in Ahlbeck, Heringsdorf und Zinnowitz dokumentieren dieses nachhaltig.

In den vergangenen Jahren erfolgte unter den wachsamen Augen des Denkmalschutzes in den Usedomer Seebädern eine umfassende Wiederherstellung der ursprünglichen, noch in großer Fülle vorhandenen „Bäderarchitektur". Dabei mangelte es nicht an mehr oder weniger gelungenen Versuchen, die architektonische Gegenwart der Vergangenheit anzupassen oder diese mit Neuem zu verbinden. Modernes Wohnen hinter historischen Fassaden ist damit auch auf Usedom zu einem geflügelten Wort geworden. Dafür stehen die Seebrücken, vereinzelte Hotels und Appartementanlagen sowie der Rückgriff auf Türmchen, Balkone, Flächenfenster oder Loggien besonders in Bansin, Koserow und vor allem in Karlshagen.

Die vorliegende Darstellung zeigt anhand ausgewählter Fotografien einen Überblick über alle architektonisch-bauliche Etappen in den Ostseebädern Ahlbeck, Heringsdorf, Bansin, Koserow, Zinnowitz und Karlshagen.

HER. 12
HER. 12

Geschichte der Ostseebäder

Das Badewesen auf der Insel Usedom begann offiziell am 20. Juli 1824 in der Hafen- und Kreisstadt Swinemünde, wobei großzügige Geldspenden des preußischen Königs Friedrich Wilhelm III. das Vorhaben begünstigten. Bereits im Jahr 1857 besuchten das Bad mehr als 1700 Gäste. Schon Jahre zuvor hatte der Oberforstmeister von Bülow das Gut Gothen sowie die Fischerdörfer Neukrug und Ahlbeck adligen Anteils erworben. Er legte eine neue Fischerkolonie an, die 1820 den Namen „Heringsdorf" erhielt und wegen der reizenden Umgebung schnell „Sommerfrischler" anzog. 1853 berichtete die Kreisstatistik vom „Fischerdorf und Badeort an der Ostsee mit 22 Büdnern, 8 Einliegern, mehreren Badeeinrichtungen und dem Besuch von 768 Personen". Um 1850 entdeckten „Städter" auf der Suche nach der Idylle des einfachen Landlebens Koserow, Ahlbeck und Zinnowitz. Die hauptsächlich von der Heringsfischerei lebenden Bewohner vermieteten ihre Hütten, freuten sich über die unerwarteten Nebeneinnahmen und errichteten einfache Badeanstalten am Strand. Mit der Gründung des Wilhelminischen Kaiserreiches 1871 betrat Deutschland den Weg des Monopolkapitalismus und der kolonialen Expansion. Die Brüder Hugo und Adelbert Delbrück, erfolgreiche Geschäftsleute und Politiker, erkannten die Möglichkeiten dieser sich anbahnenden stürmischen Entwicklung, erwarben Heringsdorf, gründeten eine Aktiengesellschaft und gestalteten in der Folgezeit das Seebad zum „Nizza der Ostsee" um. In Heringsdorf weilten von nun an Bankiers, Fabrikbesitzer, Großagrarier, berühmte Künstler und bedeutende Wissenschaftler.
Das überaus moderne Swinemünder Villenviertel setzte ab 1900 internationale Maßstäbe im Badewesen. Dort versammelten sich in der Saison hohe Beamte sowie Politiker und es traf sich das adlige Offizierskorps. Ahlbeck wuchs zum deutschen Familienbad heran. Zinnowitz war begehrt wegen noch freier Bauparzellen direkt am Meer. Karlshagen kam, weil abseits gelegen, nicht über die Anfänge hinaus, wogegen den Dorf-Bansinern ab 1896 das Meisterstück gelang, ein Bad ausschließlich für Gäste zu errichten. Bis 1911 war der Ausbau der Usedomer Seebäder im Wesentlichen abgeschlossen, wobei die Seebrücken in Heringsdorf und Ahlbeck, oben im Bild zu sehen, das neue 20. Jahrhundert eindrucksvoll symbolisierten.

Der verlorene Krieg und die wirtschaftlich instabile Republik führten die Seebäder trotz Verdopplung ihrer Gästezahlen in eine anhaltende Krise. Hotels gingen in Konkurs, die Fischerei stagnierte und die soziale Differenzierung politisierte das Leben. Das jetzt bürgerliche Publikum setzte mit der Forderung nach dem „Freibaden" außerhalb der Badeanstalten 1923 in Bansin neue Akzente. Tonfilm, Automobil, Kabarett und Nachtbars hielten Einzug. Der „Seedienst Ostpreußen" machte ab 1920 das Reisen bequemer, ebenso wie der D-Zug und das Junkers-Passagierflugzeug. Nach der Machtübernahme durch die Nationalsozialisten begann im Fremdenverkehr eine kurze Phase der Stabilisierung. Swinemünde, Ahlbeck, Heringsdorf und Bansin verzeichneten Besucherrekorde. In Heringsdorf lief die Strandkorbfabrikation seit 1936 auf Hochtouren und die Reedereien ließen sogar neue Schiffe auf Kiel legen. Gleichzeitig schränkten Aufrüstungsmaßnahmen den Fremdenverkehr nordwestlich von Koserow drastisch ein. Im Zweiten Weltkrieg zerstörte die anglo-amerikanische Luftwaffe Swinemünde und Karlshagen. Die Beschlüsse von Potsdam teilten 1945 die Insel Usedom in einen polnischen und einen deutschen Teil. Ahlbeck erhielt vorübergehend den Status einer Kreisstadt und Flüchtlinge aus dem vormals deutschen Osten verdreifachten die Einwohnerzahlen der Seebäder. Der Alltag an der Küste wurde regiert von Hunger, von Befehlen der russischen Sieger und von der Kunst des Überlebens. Unter den politisch veränderten Bedingungen der DDR setzte Anfang der fünfziger Jahre der nun staatlich gelenkte Fremdenverkehr ein. Die Insel Usedom entwickelte sich infolge nicht nur zu einer der bedeutendsten Erholungsregionen des Landes, sondern erlebte ebenso grundlegende ökonomische Veränderungen in Landwirtschaft, Fischerei, Schiffbau und Landesverteidigung.
Der Fremdenverkehr erlangte ab 1990 wieder Priorität. Geschaffen wurden neue Verwaltungsstrukturen, wie 1992 der Kurzweckverband „Kaiserbäder" oder 2005 die Großgemeinde Ostseebad Heringsdorf mit Ahlbeck, Heringsdorf und Bansin. Es entstanden moderne Dienstleistungsbetriebe im Bereich der Beherbergung, des Verkehrswesens und der Gastronomie. Ebenso beflügelte die volle EU-Integration Polens am Ende des Jahres 2007 die weitere wirtschaftliche Entwicklung auf der Insel Usedom unter internationalen Aspekten, wozu im Besonderen verschiedene Formen der Zusammenarbeit zwischen den grenzübergreifenden Fremdenverkehrszentren Usedom und Swinemünde-Wollin beitragen.

Adler-Schiffe
Fahrkarten-
Verkauf

Ostseebad Ahlbeck

Als 1852 zwei junge Damen nebst Zofe in Begleitung ihres Vaters am Strand von Ahlbeck erschienen, um zu baden, ahnten die Bewohner des größten Usedomer Fischerdorfes nicht, dass sich damit die Tür in eine neue Zeit öffnete. Sie schüttelten nur den Kopf über soviel „Unverstand, nur wegen des Vergnügens in die See zu steigen“ und lächelten verschmitzt, als die Badenixen auch noch freiwillig dafür bezahlten. Die Fischer behielten den Respekt vor dem Meer, blieben Nichtschwimmer, lehnten aber ein finazieles Zubrot von der stetig anwachsenden Zahl der Sommerbesucher nicht ab. Diese wiederum nahmen Quartier in den bescheidenen Fischerhütten, wo sie nicht mehr erwartete als eine Eichenlaubgirlande, vier weißgekalkte Wände, Bettgestelle, Waschschüssel und reichlich Seeluft. In der hölzernen Hoflaube konnten die Gäste Kaffee trinken oder sich vom Nichtstun bei Sonnenschein erholen.
Nach der Vereinigung von „Ahlbeck-königlichen und adligen Anteils“ 1882 setzte eine rege Bautätigkeit ein. Sie sollte zwei Jahrzehnte andauern mit dem Ergebnis, dass Ahlbeck zum zweitgrößten Badeort hinter Swinemünde aufstieg. Dem Zusatz „Seebad“ wurde erst 1908 amtlicherseits zugestimmt. Es war jene Zeit, als „die See in Mode kam“ und sich der aufstrebende bürgerliche Mittelstand schon einen Aufenthalt am Meer leisten konnte. In das preiswerte „deutsche Familienbad“ der Kaiserzeit reisten der Bäckermeister, der Studienrat, der Bahnbeamte oder der Ingenieur. Adel, Militär, Politiker und Großunternehmer bevorzugten dagegen das feine Bad Swinemünde sowie das noble Seebad Heringsdorf. Fast unmerklich wandelten sich nun durch den profitablen Fremdenverkehr das äußere Bild und die soziale Struktur Ahlbecks.
Fischersöhne wurden Handwerker und Vermieter. Kleine Kaufleute eröffneten große Geschäfte und Besitzer von Dünenland machten Geld als Pensionsinhaber. Zugezogene „Fremde“ brachten das wirtschaftliche „Know-how“ der Großstädte mit. Alle nannten sich selbst „Die vom Strand“. „Die vom Dorf“, die Kleinvermieter, blieben Arbeiter, Fischer, Angestellte, Hilfskräfte und vor allem arm. 1900 schrieb die Familie Frey aus der Schweiz über ihren Ausflug nach Ahlbeck: „Die Villen und Pensionen sind hier draußen ganz ebenso schön wie bei uns drüben. Nach der Seeseite hin hat der Ort einen ganz eleganten Anstrich, an Waldpromenaden fehlt es auch hier nicht. Ganz anders sieht der Ort von der Südseite betrachtet aus. Die elegante Strandpartie ist nicht sichtbar, wohl aber die vielen ärmlichen Fischerhütten. Dem Kurgast ist hier fast das Gleiche geboten wie in Heringsdorf, nur bezahlt er dafür weniger Kurtaxe; auch die Wohnungspreise stellen sich hier billiger. Ansichtspostkarten kosten hier die Hälfte wie in Heringsdorf.“
Die ersten Pensionshäuser wurden nach Begradigung der Dünen am Hauptweg zum Strand gebaut, dort wo die Seestraße in die Dünenstraße mündet. Noch in den 80er Jahren des 19. Jahrhunderts entstand die Villa „Meereswelle“. Die Ahlbecker sprachen vom „ersten Haus am Platze“. Architektonische Besonderheiten sind die vortretenden massiven Loggien, welche sich nach vorn durch Rundbogenarkaden auf Säulen in beiden Obergeschossen öffnen. Ähnliche Loggien befinden sich an der Giebelseite, hier jedoch um ein Geschoss erhöht. Brüstungsgitter verbinden Säulen und Eckpfeiler. 1908 kaufte das Gebäude in exponierter Lage der Berliner Weingroßhändler Alfred Junker.
Im Volksmund nur „Junkers Hotel“ genannt, bot es dem anspruchsvollen Besucher Weinstube, Konditorei, Tanzdiele und Dünengarten. Später zogen Verwaltungen, Wohnungssuchende und staatliche Geschäfte ein. Erst nach der Reprivatisierung ließ die aufwendige Rekonstruktion das Kleinod der Wilhelminischen Bäderarchitektur im neuen Glanz erstrahlen. Heute gehört das geschichtsträchtige Haus zum benachbarten Hotel „Ahlbecker Hof“. Dieses wiederum gründete sich auf einem Vorgängerbau aus der Zeit um 1895 und wurde bald darauf zum größten und bedeutendsten Hotel des Seebades umgestaltet. Obwohl mehrfach baulich verändert, blieb die 18-achsige Fassade mit dem vierachsigen Mittelrisalit und den dreigeschossigen Eckerkern erhalten.
Der „Ahlbecker Hof“ (Foto Seite 2) sorgte häufig für Schlagzeilen, wie 1905 durch den Besuch des österreichischen Kaisers Franz Joseph I. während des „Dreikaisertreffens“ in Swinemünde, 1950 als einziges FDGB-Ferienheim der Insel Usedom und 1995 als erstes Fünf-Sterne-Hotel der Ostseeinsel.

Das bekannteste Bauwerk der Insel Usedom und an der vorpommerschen Küste ist die Ahlbecker Seebrücke. Den hölzernen Pavillon mit vier quadratischen Ecktürmchen eröffnete am 28. Mai 1898 der Gemeindevorsteher Major a.D. Dreher im Beisein des Architekten Richard Hausotter und unter Beteiligung der Einwohnerschaft. Das Restaurant über den Wellen, stets im Besitz der Gemeinde Ahlbeck, wurde durch Anbauten dem Bedarf der Zeit angepasst und mit einem Landungssteg für Motorboote versehen.
Im Zugangsbereich steht die „Öffentliche Uhr“ aus dem Jahr 1911, ein schwarzer Wachposten, bekleidet mit Zopfstildekor und Windrichtungsanzeiger. Gebaut wurde sie von der Großuhrenfirma Rochlitz. Das Finanzielle übernahm die Berlinerin Maria Grunack aus Dankbarkeit für die Gastfreundschaft, welche ihr die Ahlbecker über Jahre entgegen brachten.

Die offene Innenfläche der rechteckigen Plattform erhielt Ende der 30er Jahre eine Holzüberdachung. Eisgang zerstörte 1941 den Steg. 1943 erlebte die Seebrücke kriegsbedingt ihre vorläufig letzte Saison. Die Wiedereröffnung erfolgte erst am 4. Juni 1950. Nach einem Intermezzo des US-Amerikaners Tom Dooley pachteten erneut einheimische Gastronomen das Brückenrestaurant und machten das Gebäude durch den Einbau einer Heizung ganzjährig nutzbar.
Den Steg ließ die Gemeinde als Anleger für Fahrgastschiffe und als Flaniermeile 1993 wieder aufbauen, wobei die Sanierung der denkmalgeschützten Gesamtanlage in den 80er Jahren erfolgte. Heute ist die Seebrücke das einzige noch erhaltene Bauwerk dieser Art auf dem europäischen Kontinent, das aus der Wilhelminischen Epoche stammt.

1900 erstreckte sich Ahlbeck in Ost-West-Richtung zwischen Linden-, Kaiser- und Dünenstraße vom Swinemünder Forst bis an die Heringsdorfer Gemeindegrenze. Das ursprüngliche Dorf selbst blieb unberührt. Seine Struktur ist trotz umfangreicher Bebauung in den Folgejahrzehnten noch erkennbar. Alle neuen Grundstücke wurden durch ein Netz von Nebenstraßen mit den genannten Hauptstraßen verbunden. Um eine möglichst hohe Raumauslastung zu erreichen, beschränkten sich die Bauherren unter Beibehaltung des natürlichen Baumbestandes auf ein Minimum an Vorgärten und Grünflächen. Das zeigt sich auch bei den Villen „Emmy“ (Foto Seite 13) und „Marianne“ (Foto Seite 15).

Besonderen Wert legten die Bauherren auf das Vorhandensein einer geräumigen Hoflage. Unabhängig von der Größe der „Villa“ und abhängig von den vorhandenen finanziellen Mitteln dominierte hinter stilgerechten Fassaden die Zweckmäßigkeit. Im Haus musste Platz sein für drei oder mehr Wohnungen, für Nebengelass, Geschäftsräume, Laden oder Werkstatt.
Die meist zwei- bis dreigeschossigen Häuser aus verputztem Backstein zeigen in unterschiedlichem Umfang überstehende Flachdächer, vorgezogene Risalite, Fassadengliederung durch Gesimse und Putzfaschen, Eckpilaster, Halbsäulen, Konsol- und Zahnschnittfriese, offene und geschlossene Loggien, aufwendige Brüstungsgitter, Veranden aus Holz sowie Putzdekor in Form von Festons, Ranken- und Blattwerk sowie vereinzelt auch Portalnischen.

Die Villa „Zenzi“ in der Kurstraße mit ihrem dreigeschossigen Turmerker hat viel erlebt und viel gesehen. Gleich nach ihrer Eröffnung wohnte im nördlichen „Seeblickzimmer“ ein gut situierter Beamter mit seiner jungen Frau. Beide schwärmten vom Strand, von der Seeluft und der waldreichen Umgebung und kamen alljährlich wieder. 1911 brachten sie ihren Sohn mit, gut erzogen und gekleidet im Matrosenanzug und schon stolz auf den Kaiser wie sein Vater. 1915 war der Aufenthalt kurz, ein Fronturlaub eben und ohne Sohn, der im Internat bleiben musste. 1922 reisten nur Mutter und Sohn an, sie immer noch hoffend auf eine Nachricht von ihrem Mann, der in den Schlachten des Jahres 1918 als vermisst gemeldet wurde. Schließlich hielt sich der Sohn alleine in Ahlbeck auf, galt als Frauenschwarm und feierte jeden Abend in der Künstlerklause um die Ecke, weil er froh war, in der Krise eine gut bezahlte Stellung zu haben.

Auch die Eigentümer der Villa hatten zwischenzeitlich gewechselt. Am Haus bröckelte der Putz und manches mehr. Das störte die „Kraft durch Freude“-Urlauber nicht, hatten sie doch noch nie das Meer gesehen. Der Stammgast mit schöner Frau, nun in Luftwaffenuniform, rümpfte zwar die Nase darüber, schwärmte aber von der neuen Zeit und lobte, dass der Strand endlich „den Deutschen“ allein gehörte. Beide kamen 1943 zum letzten Mal, er auf Fronturlaub wie zu jener Zeit sein Vater. Im Mai 1945 quartierten sich russische Soldaten ein, tranken Schnaps und machten Lärm. Über Nacht waren sie verschwunden und Flüchtlinge zogen an ihrer Stelle ein. Diese blieben auf Dauer, um Ahlbecker zu werden. Als das Haus wieder Gästehaus geworden war, reiste ein Besucher an, der von seinen Großeltern erzählte, die einst in einer Ahlbecker Villa mit Turmerker ihren ersten Seeaufenthalt verbracht hatten.

Am 8. Juli 1890 berichtete der „Wolgaster Anzeiger“: „In Ahlbeck sind sechs Strandvillen auf dem Wege nach Heringsdorf erbaut; das Hotel „Seeblick“ ist zu einem ganz großartigen Etablissement umgewandelt worden. Die Commandit-Aktiengesellschaft Heringsdorf hat mit der Errichtung ihrer Cottageanlage einen sehr glücklichen Anfang gemacht. Das erste dieser zierlichen Häuschen ist von J. Heinrich Kraeft in Wolgast geliefert (...) und hier wird es sein, wo die glücklichen Villenbesitzer sich eines Morgens freundnachbarlich die Hand reichen werden.“ Dieses Liebäugeln der Heringsdorfer Aktionäre mit den selbstbewussten Nachbarn sollte nur von kurzer Dauer sein. Das Hotel „Seeblick“ jedoch machte sich schnell einen Namen in den gehobenen Kreisen das hauptstädtischen Publikums.

Die Seestraße ist wegen der zahlreichen Geschäfte die „Einkaufsflaniermeile“ der Ahlbeckbesucher, was von den Seebadgründern von Anfang an so vorgesehen war. Als sich ein Mann namens Albert Wendicke 1869 in Ahlbeck niederließ, verlief dort noch der uralte Flundernweg durch den Dünenwald vom Dorf zum Strand. Der gewandte Kaufmann, ein gebürtiger Neuruppiner, hatte gerade eine einheimische Fischertochter geheiratet und große Pläne, die er konsequent verwirklichte. 1875 öffnete mit „Wendickes Hotel“ ein Haus, das zum architektonischen und symbolischen Bindeglied zwischen Fischerdorf und zukünftigem Seebad werden sollte. In ganzer Länge zur See hin ausgerichtet, fiel der Blick aus den Zimmern auf das Meer oder, je nach Wunsch, von der Südseite auf die bewaldeten Höhenzüge des Inselostens. In der großzügig verglasten Veranda sowie im Gartenlokal konnten die Logiergäste speisen und sich im angeschlossenen Saal kulturell unterhalten lassen. Für die Einwohner war das Hotel eine erstaunliche Angelegenheit, vor allem deshalb, weil erstmalig in Ahlbeck ein Gebäude vollständig aus Backstein und Holz gebaut wurde. Wendicke förderte die Seebadentwicklung mit Geld und aus Leibeskräften. Unter dem Namen „Meereswelle“ ist die Pension mit Restaurant und Cafe bis heute ein beliebter Anziehungspunkt für Urlauber und Einwohner geblieben. Eine Reihe weiterer Gebäude in der Seestraße sind mit dem Wirken Ahlbecker Persönlichkeiten verbunden. So gründete dort die Familie Ernst eine Druckerei. Der Sohn Karl ließ sich ebenfalls zum Buchdrucker ausbilden und begann 1895 seine selbständige Tätigkeit in der Firma „Ernst-Druck“. Mit Ansichtskarten, Prospekten und amtlichen Aufträgen ließen sich gute Geschäfte machen. Als Gemeindeabgeordneter und Ortschronist wurde Druckereibesitzer Karl Ernst zum Herausgeber des allsommerlichen „Ahlbecker Badeanzeiger“ und realisierte 1929 den Entwurf des Ahlbecker Ortswappens. Das Wachsen des Seebades zog auch den Bau des Kaufhauses Putzenius, der Apotheke Küker, der Fleischerei Heyn und eines neuen Postgebäudes nach sich. Obwohl mittlerweile zweckentfremdet, erinnert es an den Postsekretär August Groth. Der ehemalige Weltkriegsoffizier organisierte in Ahlbeck die landesweit einflussreichste pommersche Ortsgruppe der Deutschen Friedensgesellschaft, stellte sich 1933 gegen die Nationalsozialisten und hatte nach 1945 wesentlichen Anteil am Wiederaufbau des Post- und Fernmeldewesens im Kreis Usedom.

Seine Kirche verdankt Ahlbeck der Initiative des Lehrers Johann Christian Koch. Unterstützung erhielt das von ihm gegründete „Komitee" von der Gräfin Schimmelmann zu Ahrensburg und der Grafschaft zu Stolberg-Wernigerode. Unter Leitung des Regierungsbaumeisters Werner sowie des Stettiner Regierungsbauführers Meyer wurde 1894 der Grundstein gelegt. Die Bauarbeiten oblagen Maurermeister Schulz und Zimmermeister Parlow, beide ortsansässig. Bereits im August 1895 erfolgte in Anwesenheit des Oberpräsidenten von Pommern, Robert Victor von Putkammer, die Einweihung der bis heute unveränderten neogotischen Anlage. Die Seiten des Langhauses werden durch die Gliederung aus Spitzbogenfenstern und darunter gesetzten Rundfenstern bestimmt. Das Querhaus bildet mit dem gestaffelten Giebel eine eigene Fassade.

Mit einem ähnlichen Giebel, der die Apsis leicht überragt, schließt das Langhaus im Osten ab. Dem Historismus verpflichtet sind Spitzbogen und Blendfeldgliederung sowie seitlich angesetzte Strebepfeiler als gotische Stilelemente. Beherrscht wird die Anlage von der streng symmetrisch gegliederten Einturmfassade im Westen. Der leicht vorgesetzte quadratische Turm mit Eingangsportal und flankierten Treppentürmchen läuft im spitzwinkligen Pyramidenhelm aus. Bemerkenswert im Inneren sind das hölzerne Spitztonnengewölbe, der Chor mit farbiger Verglasung sowie die 15-Register Grünberg-Orgel von 1895. Die Empore ziert ein Bildnis von J. C. Koch, ein Werk des Berliner Malers Theodor Ziegler. Den Turm vervollständigte 1898 eine Uhr. Die zweite Glockengeneration ist auf 1956 datiert. Die alles überragende Kirche auf der höchsten Düne war umgeben vom Friedhof, der an Kurpark und Warmbad grenzte. Das Gesamtensemble vervollständigte das Kriegerdenkmal für 73 Gefallene des Ersten Weltkrieges.
Im Zusammenhang mit den Besuchen des deutschen Kaisers entstand im Osten des Seebades ein weiteres architektonisches Kleinod. Die Bereitstellung finanzieller Mittel seitens der Hohenzollern-Stiftung führte 1912 zum Bau eines Heimes zur sommerlichen Unterbringung von Kindern sowie der Ausbildung adliger Töchter zu Hofdamen. Im August 1912 fand auf dem dafür vorgesehenen Platz die Beratung zwischen Wilhelm II. und dem Ahlbecker Baumeister Grünberg statt. Auftragnehmer war die Firma Christoph & Unmach aus Sachsen-Anhalt als führendes Unternehmen auf dem Gebiet der Vormontage von Holzfertigteilen. Wenige Wochen vor der Eröffnung reisten am 26. März 1913 Kaiser, Kaiserin und Reichskanzler Bethmann-Hollweg zur Besichtigung an, um sich vom Fortschritt der Arbeiten zu überzeugen. Das „Kaiser-Wilhelm-Kinderheim" wurde 1929 von der Deutschen Post übernommen, ab 1949 als Pionierferienlager weitergeführt und 1988 unter Denkmalschutz gestellt. Die Anlage auf ovalem Grundriss besteht aus eingeschossigen Fertigteil-Holzhäusern. In der Längsachse liegen sich Speisesaal und Hauptgebäude gegenüber. Das „Oberinnenhaus", achtachsig mit polygonaler Auslucht und sich darüber erhebendem Zwerchhaus, flankieren zwei große Schleppgauben. An den Längsseiten erstrecken sich je zwei Schlaf- und Waschraumhäuser. In der Mitte des Ovals steht ein runder Pavillon mit rohrgedecktem Kegeldach und großzügig durchfensterter Wand.

„Gleich nach der Ankunft und der überaus herzlichen Begrüßung durch meine Wirtsleute musste ich an den Strand, den ich seit meinem letzten Aufenthalt im vortrefflichen Seebad täglich schmerzlich vermisst hatte. Das Meer empfing mich mit leichtem Wellenschlag wie einen alten Bekannten, als wolle es mir seine Erlebnisse erzählen. Ich verspürte plötzlich wieder diese Leichtigkeit und merkte, wie Himmel und Weite die Last des Alltags von meinen Schultern hob. Eine angenehme Brise verwehte unaufhaltsam die unzähligen Spuren im Sand. Das Fischerboot lag immer noch am selben Platz, ein wenig zur Seite geneigt, um sich auszuruhen und zu rüsten für den nächsten Kampf mit Wellen und Wind.

Über den Pavillon und seinen Türmchen legte sich die Abenddämmerung. Ein Boot machte sich auf, um verspätete Besucher nach Swinemünde hinüberzubringen. In der Ferne blitzte im immer wiederkehrenden gleichen Takt das Feuer des Leuchtturmes, als wolle es fremde Seeleute vor den dunklen Klippen der Wolliner Küste warnen. Zwischen den Strandkörben huschten Schattengestalten hin und her, die sie mit Geisterhand wieder in Reih und Glied ausrichteten. Den Langen Berg bei Bansin und die feinen Heringsdorfer Hotels hat die Dunkelheit schon eingehüllt und auch den Seesteg würde in Kürze die Nacht verschlucken." Diese Zeilen veröffentlichte eine Breslauer Zeitung 1927 in ihrer Reisebeilage.

WILHELM I.
1797-1888
DEUTSCHER KAISER
KÖNIG v. PREUSSEN
ERSTER BESUCH
IM SEEBAD
HERINGSDORF 1820

Ostseebad Heringsdorf

Es war das Spiel des Wassers und des Windes, welches besonders im Osten der Insel Usedom einen feinsandigen Strand formte, der seinesgleichen an der See sucht. Stürme türmten Wälle von Dünen an den Fuß eiszeitlicher Hügelketten, die mal sanft abfallen, um sofort wieder steil anzusteigen, und die sich bis an die moorigen Randzonen von Thurbruch und Gothensee erstrecken, fest verankert durch Buchen- und Mischwäldern.
Es mag die Wirkung des überraschenden Wechsels von der Weite der See und dem hügligen Land, sowie die natürliche Ruhe und der Blick auf die Schönheiten von den Gipfeln der Berge mit dazu beigetragen haben, dass der Drang der Insulaner und Besucher nach durchgreifender Veränderung dieser Landschaft zu allen Zeiten maßvoll blieb. Schon die Seebadgründer vom Schlage eines Forstmeisters von Bülow, der Unternehmer-Brüder Delbrück und eines Bankiers Bleichröder achteten auf das Gleichgewicht zwischen Natur und dem Drang eines ungezügelten Kolonisierens. So entstanden in einmaliger Geschlossenheit fantasievolle Villen in verschiedenen Formen und Farben, deren gemeinsamer Zug der spielerische Umgang mit Stil ist und die versuchten, eine Symbiose mit der sie umgebenden Landschaft einzugehen.
1883 schwärmte Hans von Dollen in seinem landeskundlichen Bericht „Streifzüge in Pommern“: „Von Ahlbeck haben wir nur noch eine kurze Strecke bis Heringsdorf zu wandern, und da liegt es vor uns, unmittelbar am Meere inmitten eines Buchenwaldes. Auf Höhen wie im Tal belegen sich neben einfachen Fischerhütten und Häusern hier eine Menge mehr oder weniger hübsche und geschmackvolle, reizende Villen und Sommerhäuser. Die an malerischer Schönheit so reiche Umgebung rechtfertigt den ausgebreiteten Ruf, den sich Heringsdorf als Badeort erworben hat; hierzu kommt, daß man sicher sein kann, hier stets einer auserlesenen und distinguierten guten Gesellschaft zu begegnen. So ist Heringsdorf ein Lieblingsbadeort und Ort der Sommerfrische und Erholung für die wirklich vornehme Welt geworden. An schönen Morgen und Abenden kann man diese Badegesellschaft dann im Walde und am Strande promenieren sehen und des köstlichen Ausblicks auf das Meer sich freuen.“
Die Heringsdorfer selbst, stets um den Ruf ihres Bades bemüht, gingen konform mit dem Lob der Gäste, was im „Seebadführer“ von 1909 nachgelesen werden kann: „Heringsdorf! Ein weltbekannter Name! Es ist ja das älteste der pommerschen Ostseebäder, eines der besuchtesten und landschaftlich das schönste, in Wahrheit ein Gedicht, ein Lied der Natur, in welchem die Seele der pommerschen Meeresküste erklingt, und die Seele des Beschauers klingt mit. Welch ein Zusammenklang! Hier das Meer, das bald wie ein grünblauer Türkis sich zeigt, bald wie ein silberweißer Spiegel daliegt, bald mit violettem Schimmer aufleuchtet; da der weiße Strand, der in fein geschwungenen Linien sich dahinzieht, dort wo die Strandpromenade, von dichten Gebüsch- und Baumgruppen umsäumt, pinienartigen Kiefern durchsetzt, mit sammetgleich geschorenem Rasen bedeckt und köstlichen Blumen- und Rosenbeeten geschmückt. Dahinter die weißen Villen, wie Märchenschlösser aus dunklem Buchengrün hervorlugend, über dem allen aber thronend auf größeren Waldhöhen sich erhebend: die Bismarckwarthe und das Waldkirchlein mit seinem schlanken, grüßenden Turm. Die gärtnerischen Anlagen anderer Badeorte können das nicht erreichen, was die Natur hier in so reichlicher Fülle geschaffen hat. Vieles von dieser Fülle haben dann auch Villenbesitzer geschickt für ihre Parks und Gärten zu verwenden verstanden und so dem Orte eine eindrucksvolle Zierde erhalten, die kein anderer Badeort aufzuweisen hat.“
Fernab von jeglichen nostalgischen Verklärungen ist das Heringsdorf der Gegenwart in dem, was die alte Architektur betrifft, das Heringsdorf der Vergangenheit geblieben, wohlwollend beschützt von Kaiser Wilhelm I., dessen Büste im Garten der Konsulin Staudt die Blicke der Neugierigen mit Staunen auf sich zieht. Mit einem Schritt bringt der Besucher gleich mehr als ein Jahrhundert hinter sich und überschreitet damit die Schwelle zur schnörkellosen Zweckmäßigkeit, hoch in den Himmel strebend oder weit in die See hinaus weisend. Er scheint erleichtert zu sein, dass ihn hinter museal anmutenden Fassaden wieder die Annehmlichkeiten modernen Wohnkomforts erwarten. Diese Zeitsprünge sind in Heringsdorf fließend, ob an der Flaniermeile, in der Seestraße oder auf dem Kulm. Sie sind auch fließend zwischen Trubel und Stille sowie zwischen Noblesse und Schlichtheit.

SEESCHLOSS.

Zum Ensemble des um 1995 neu gestalteten Konzertplatzes gehört das Kulturhaus. Dieses ließ die Sowjetische Militäradministration in Deutschland (SMAD) 1946 anstelle des zuvor abgebrannten Strandcasinos errichten. Der zweigeschossige Putzbau in vereinfachten klassizistischen Formen mit übergiebeltem, von Pfeilern getragenen Portikus gehörte zum Sanatoriumsbereich und verfügte im großen Saal über 750 Plätze. Das Tympanon zeigt in Form figürlicher Darstellungen ein tanzendes Paar zwischen musizierender weiblicher und männlicher Gestalt, geschaffen von der Stralsunder Bildhauerin Karla Lucie Friedel. Nach Auflösung des Sanatoriums ging das Kulturhaus in den Besitz der Gemeinde über und entwickelte sich zum Veranstaltungszentrum. Im Zusammenhang mit dem Bau des Hotels „Maritim" erfolgte eine umfassende Sanierung und die Integration der Heringsdorfer Spielbank. Vom glasüberdachten Portal des Hotels schaut der Betrachter auf die Villa „Seeschloss". Erbauer und Erstbesitzer war die Familie Lindemann. Ihr gehörte auch das heutige Hotel „Pommerscher Hof". Das „Seeschloss" dokumentiert in seiner Wuchtigkeit nachhaltig das Mondäne des Seebades in der Kaiserzeit. Besondere Akzente des reich gegliederten dreigeschossigen Baus setzen die gekuppelten Säulen der mittigen Loggia, massive Erker und neobarocke Balkone. Die aufwendigen Putzreliefs gehen ebenfalls auf barocke Vorbilder zurück. Das Turmoberteil wurde während der Wiederherstellung nach historischem Vorbild neu aufgesetzt. In der Umgestaltungsphase des Seebades ab Gründung der Aktiengesellschaft avancierte der Wilhelmsplatz, später Platz des Friedens, zum verkehrstechnischen Mittelpunkt, wo auch die größten Hotels und Pensionen entstanden. So konnte der mit der Eisenbahn angereiste Gast in kürzester Zeit per Kutsche über die Kaiser- und Seestraße in sein vorreserviertes Quartier gelangen. Auf dem Platz stand der erste Gedenkstein für Hugo Delbrück (1825-1900), der mit seinem Bruder Adelbert (1822-1890) bereits 1863 den Badeort im Buchenhain entdeckt hatte. Hugo Delbrück war der erste Direktor der Aktiengesellschaft. 1911 berichtete Victor Aubertin im „Berliner Tageblatt" über seinen Aufenthalt: „Wer sich dann satt gesehen an dem Fashion-Treiben auf dem Konzertplatz, dem Kurplatz, zwischen Kurhaus, Lindemanns Hotel und Seeschloss, auf der Casino-Terrasse und der Brücke, der wandert, der pilgert wohl die Strandpromenade aufwärts (...) oder er schlägt den Weg westwärts ein nach dem andern Nachbarbade."

Die Geschichte der mit 508 Metern längsten Seebrücke Kontinentaleuropas begann bereits in der Delbrück-Ära. So forderten die Braeunlich Reederei Stettin und die Swinemünder Dampf-Schiffahrts-Aktien-Gesellschaft als marktbeherrschende Unternehmen Anlegemöglichkeiten an der Usedomer Außenküste. Das entsprach auch den Interessen der Heringsdorfer AG, da die Entscheidung über den Bau einer Eisenbahnstrecke noch ausstand. Jeder wusste, dass von der Lösung des Verkehrsproblems die Zukunft abhängen würde. Nach zweijähriger Bauzeit war die hölzerne „Kaiser-Wilhelm-Seebrücke" 1893 fertiggestellt, wobei seine Majestät den Namen ausdrücklich gestattete. Die Länge des Steges von über 500 Metern ergab sich aus der Notwendigkeit der Überwindung des Flachwassers. Das Weltstadtpublikum traf sich vor allem auf der Brücke mit ihrem großen turmgeschmückten Bazarbau am Kopf und dem modisch-eleganten Restaurant am Ende, wo auch Passagierdampfer, Yachten und Jollen anlegten und abfuhren.

Das Bauwerk trotzte Eisgängen, Sturmfluten und wechselhaften Zeiten, bis 1958 ein durch Brandstiftung ausgelöstes Feuer den „Stolz" der Insel Usedom vollständig vernichtete.
An eine neue Brücke glaubte kaum noch jemand, auch nicht, als 1993 Investoren ihr Vorhaben wahr machten und das Projekt in Angriff nahmen. Dabei orientierten sich die Architekten hinsichtlich der Grundform am Vorgängerbau, wobei statt Holz nun Stahl, Beton und Glas Verwendung finden sollten. Als im Frühsommer 1995 die Brücke ihre Pforten öffnete, verstummten sogar die Skeptiker. Der kühnste Schritt war dabei wohl das als Pyramide gestaltete Restaurant „weit draußen über dem Meer".
Die Bedeutung des bis dahin größten Projekts nach 1990 liegt nicht nur in der Schaffung einer besonderen Einkaufs-, Gastronomie- und Unterhaltungsmeile, sondern im dadurch wieder möglich gewordenen Seebäderschiffsverkehr auf der Traditionsroute Bansin-Heringsdorf-Ahlbeck-Swinemünde-Misdroy und zurück.

Die Heringsdorfer Villen, Hotels und Pensionen, von denen immer wieder die Rede ist, und die das Besondere des Ostseebades ausmachen, sind dem Geschäftssinn der Delbrücks zu verdanken. Sie sorgten dafür, dass die kommunalen Belange mit Promenade, Badeanstalten Warmbädern, Seebrücke, Straßen und Energieversorgung kommunale Belange blieben. Die im Vergleich zu den anderen Bädern ungewöhnlich großen Grundstücksflächen entsprachen der Summe, die der Käufer bereit war zu investieren. Die Interessenten verfügten über entsprechende Mittel, gehörten sie doch zur sozialen Oberschicht der Kaiserzeit.

Fast ein Jahrhundert lang blieben im Zentrum viele Gebäude unverändert. Manche mussten jedoch schlichteren Fassaden oder Neuem Platz machen und werden heute schmerzhaft vermisst. So wich das Hotel „Kaiserhof Atlantic", ab 1952 FDGB-Heim „Solidarität" genannt, einem 1984 fertiggestellten Neubaukomplex, der nach nochmaligem Umbau heute „Kurhotel" heißt. Auch einzelne „hölzerne Relikte" aus dem späten 19. Jahrhundert sucht der Architekturbegeisterte seit einiger Zeit vergebens. Er kann sich jedoch beim Besuch des Restaurants „Des Kaisers Pavillon" nachhaltig von den Fertigkeiten mehrerer Zimmermannsgenerationen überzeugen oder die „Holz-Parkvillen" an der östlichen Promenade bestaunen.
Die Wiederherstellung der vorhandenen Bausubstanz setzte nach dem Eigentumswechsel nach 1990 am schnellsten in Heringsdorf ein, natürlich unter den kritischen Augen der Denkmalschutzbehörde. Eines der architektonisch auffälligsten Häuser wegen der durch Balkone mit dekorativen Gittern verbundenen Seitenrisalite ist das Hotel „Esplanade" in der Seestraße, eröffnet kurz vor 1900.
Dort, wo es sich ergab, durfte in jüngerer Vergangenheit auch neu gebaut werden. Nach Abtragung des Sonderheims „Fritz Schmenkel" errichtete eine Hotelgruppe an gleicher Stelle das Hotel „Strandidyll". Beim ersten Hinschauen fühlt sich der Betrachter in die Antike versetzt und selbst der Gartentempel scheint stilecht zu sein.
Schon die früheren Architekten erhielten schöpferische Freiräume, natürlich nur, wenn sie mit den Vorstellungen ihrer Auftraggeber konform gingen. Unter diesen waren Hermann von der Hude (1830-1908) und Julius Hennicke (1832-1892). Beide gründeten 1862 eine Baufirma in Berlin, wo sie Wohnhäuser und Hotels im Stil der italienischen Renaissance errichteten. Bekannt mit Adelbert Delbrück, wählte die Aktiengesellschaft Hennicke 1872 in ihren Vorstand. Die Firma baute das Haus an der Promenade, für Adelbert Delbrück wobei insgesamt drei Villen auf die Architekten zurückgehen. Diese sind zwar nicht mehr vorhanden, entsprachen aber ihrem Aussehen nach der Villa „Oechsler". Die Grundidee lieferte Delbrück selbst, denn während einer Italienreise sah er das Vorbild für sein zukünftiges Haus mit vorspringenden Flügeln, einem Balkon auf der Frontseite und einer durch Seitenflügel geschützten Veranda.

Die im Stil der französischen Neorenaissance errichtete Villa „Oechsler" ist datiert auf das Jahr 1883. Bauherr war der Typograf, Galvaniseur und Unternehmer Hermann Berthold. Als nachfolgende Eigentümer sind der Bankier Hans von Bleichröder, der Kaufmann Hermann Kaphahn und die Fabrikantengattin Elise Oechsler genannt. Von künstlerisch einmaligem Wert ist die Gestaltung der zur See gerichteten Seite. Der Dreiecksgiebel, ausgefüllt mit dem Fries der „badenden Grazien", wurde entworfen von dem Maler Anton von Werner (1843-1915). Beim Bau der Siegessäule 1873 in Berlin kam es zu einer Künstlergemeinschaft zwischen Werner und dem italienischen Rechtsanwalt Antonio Salviati (1816-1890), der 1859 in Murano eine Emaille-Mosaik-Werkstatt erworben hatte, die bald darauf Weltruf erlangte.
Über beider Kunstwerk an der Villa „Oechsler" bemerkte der Heringsdorfer Maler Klaus Rössler: „Dieses Mosaik mit seiner allegorischen Szenerie, ganz im Zeitgeschmack des ausgehenden 19. Jahrhunderts, ausgeführt 1885, stellt schon eine kleine kunstgeschichtliche Sensation dar, denn es gibt nichts Vergleichbares in Norddeutschland. Farblich von großer Delikatesse, ist das Mosaik mit höchster kunsthandwerklicher Meisterschaft zusammengefügt. Es wurden zehntausende kostbare Tesseare verarbeitet. Diese kleinen „Bausteine", aus denen das Mosaikbild gefügt wird, bestehen aus einer Emaille-Glasschmelze, einem Material, das bereits in der Antike bekannt war und von dessen Ausdruckskraft beispielsweise die wunderbaren Mosaiken in Rom zeugen. Bei dem Heringsdorfer Mosaikbild sind teilweise in die Tesseare Blattgold und Silber eingeschmolzen, was dem Bild noblen Charakter verleiht." Gleiche kunsthistorische Bedeutung lassen die zwei Granitsäulen unter dem Fries erkennen, welche die Terrasse mit der Freitreppe davor zieren. Sie sind aus einem Stück geschnitten und zu runden Säulen auf Hochglanz geschliffen.
Unterhalb des Kulms an der Steilküste baute sich 1867/68 der Lampenfabrikant Gustav Stobwasser eine Backsteinvilla mit Knüppelwalmdach und Giebel in Backsteinfachwerk. Die gelbe Ziegelfassade ist von Bändern in rotem Backstein sowie geschosstrennendem Deutschen Band durchzogen. Zu finden sind Plastiken auf Säulen mit Blattkapitellen unter Baldachinen in neogotischer Formensprache sowie der Renaissance verpflichtete figürliche Reliefs und Medaillons mit vollplastischen Köpfen.

27

Heringsdorf und die Monarchen

Die Beziehung zwischen Heringsdorf und den preußisch-deutschen Monarchen ist nicht nur eine Marketingstrategie mit Namen wie „Kaiserbad", „Kaisermeile", „Kaiserwetter" oder „Kaisertagen", sondern hat durchaus einen geschichtlichen Hintergrund.

1820 besuchte König Friedrich Wilhelm III. (1770-1840) Swinemünde, um sich vom Fortschritt beim Bau der Molen zu überzeugen. Da seit 1815 nun auch Wolgast, vormals schwedisch, zu Preußen gehörte, machten sich König und Söhne, Kronprinz Friedrich Wilhelm (1795-1861), Prinz Wilhelm (1796-1888) sowie Prinz Karl am 7. Juni 1820 dorthin auf. Bei dieser Gelegenheit trafen sie den Oberforstmeister von Bülow und vollzogen die Namensgebung „Heringsdorf" für die junge Fischerkolonie, wobei sicherlich Finanzminister Graf Hans Ludwig Friedrich Victor von Bülow die Angelegenheit mit seinem Neffen, dem pommerschen Oberpräsidenten und seinem Dienstherren vorbereitet hatte. Dokumentarisch belegt ist dieses Ereignis jedoch nicht. Mehrfach hielt sich nun die Königsfamilie in den nachfolgenden Jahren als Gast im Badeort auf. 1846 reiste König Friedrich Wilhelm IV. an und unterstützte den Bau einer Kirche nach Plänen des Schinkelschülers Ludwig Persius. Die Anlage konnte 1848 ihrer Bestimmung übergeben werden. Nach Friedrich Wilhelms Tod 1861 wurde sein Bruder Wilhelm König. Dieser wiederum erhielt die Kaiserkrone als Wilhelm I. mit der Gründung des Kaiserreiches 1871.

1866 weilte die nächste Generation der Monarchenfamilie, Kronprinzessin Victoria sowie ihre Söhne Heinrich und Wilhelm, zum Badeurlaub in der Bülowschen Villa. Ehegatte und Vater, Kronprinz Friedrich Wilhelm, führte eine Armee im Krieg gegen Österreich. Nach dem Sieg reiste er am 5. August über Anklam nach Heringsdorf, um seine Familie abzuholen. Er regierte als Kaiser Friedrich III. nur gut drei Monate und ging nach seinem plötzlichen Tod als „99-Tage-Kaiser" in die Hohenzollernhistorie ein. Der Tod von gleich zwei Kaisern machte den Weg frei für Friedrichs Sohn Wilhelm, weshalb das Jahr 1888 auch als „Dreikaiserjahr" bezeichnet wird. Wilhelm II. (1859-1941), verheiratet mit Auguste Victoria von Schleswig-Holstein, besuchte als Kaiser zum ersten Mal 1895 Swinemünde, dann nachfolgend bis 1914 während seiner Nordlandfahrten mit der Jacht „Hohenzollern" auch Ahlbeck und Heringsdorf.

In der Presse fanden diese Usedombesuche große Aufmerksamkeit und das Volk feierte diese Tage. Am Vormittag inspizierte Wilhelm II. die Festung und die Garnison oder begutachtete das Schießen der Küstenbatterien. Um „1 Uhr" lud Majestät zum Mittagessen an Bord. Am Nachmittag fuhr Wilhelm II. mit Pferd und Wagen, eigens herangeschafft aus Berlin, nach Heringsdorf in die Sommervilla der verwitweten Frau Konsulin Elisabeth Staudt. Man kannte sich aus Berlin und erhielt die Freundschaft aufrecht, auch nach dem Tode des Konsuls. Mit Einzug der modernen Technik setzte sich ab 1907 der Konvoi aus drei gelben Automobilen mit abgestimmtem Hupsignal zusammen. Unmittelbar nach Eintreffen in der Villa „Miramare", heute Villa „Staudt", trat der Kaiser auf den Balkon und begrüßte die jubelnde Menge. Anschließend zogen sich Kaiser, Konsulin, Leibdiener und Gäste in den Salon zur Teestunde zurück. Die „Swinemünder Zeitung" mahnte an, Majestät nicht mit Rosen zu bewerfen, da er sich verletzen könne. Elisabeths Enkel Guillermo schreibt darüber: „Zu der Zeit dürfte sich das Verhältnis zwischen seiner Majestät und Elisabeth Staudt vertieft haben. Es ist hierüber viel geredet worden, doch dürfte kein Zweifel bestehen, daß dasselbe niemals etwas anderes als eine gegenseitige Verehrung gewesen sein kann. Beide um die Fünfzig. Daß der Kaiser für Frau Konsul Staudt eine geradezu göttliche Erscheinung gewesen sein dürfte, muß außer Zweifel stehen, und sie hätte wahrscheinlich nichts dagegen gehabt, seine Geliebte zu werden." Von 1909 bis 1910 gehörten Admiral George Alexander von Müller, General Friedrich von Scholl, Generaloberst Hans von Plessen und Generalstabschef Helmuth von Moltke zur Delegation des Monarchen in Heringsdorf.

Ob die Kurzbesuche Wilhelm II. direkte Impulse für den weiteren Ausbau des Seebades gegeben haben, ist nicht belegbar, aber der Ruf des Bades wurde zusätzlich aufgewertet, was damals eine enorme Bedeutung hatte. Immerhin fallen der Ausbau der Wilhelmstraße (Foto Seite 35), die Eröffnung der Bahnlinie Heringsdorf-Wolgast, der Weinstuben von Salchow, seit 1991 „Des Kaisers Pavillon" (Foto Seite 36-37), der Häuser „Lug ins Meer" und „Bethanienruh" sowie die 1945 gesprengte Bismarckwarthe in diese Periode.

STADTBÄCKEREI

Des Kaiser's Pavillon
Kaffee
Kuchen
Eis-
Spezialitäten
warme
Küche

1923 verbrachte der Schriftsteller Heinrich Mann (1871-1950) mit seiner Frau mehrere Tage im „Strandhotel“. In seinem Essay „Berliner Vorort Heringsdorf“ ist zu lesen: „Wenn die Gäste Eltern hatten, die im Jahre 1880 oder sogar noch früher mit ihnen nach Heringsdorf fuhren, mögen sie schon in demselben Haus gewohnt haben. Es ist einiges verändert worden. Im Innern sind natürlich Badezimmer neu eingerichtet. Draußen tragen noch dieselben grau gestrichenen Säulen das Dach der Terrasse. In Heringsdorf gibt es erstaunlich viele Säulen an den Häusern. Auch der flache Giebel spielt eine Rolle. Der klassizistische Stil überwiegt von je her.“ Beeindruckt hat die Familie Mann sicher das „Pensionat Hinze“, gestalterisch ein außerordentlich verspieltes Haus mit aufgesetzten Vasen, Obelisken, Säulen und Blattwerk.

Die Entstehung des Badeortes Heringsdorf ist dem Oberforstmeister Georg Bernhard von Bülow (1768-1854) zu verdanken. Bülow verschrieb sich der Forstkarriere und brachte es bis zum „Oberforstmeister von Westphalen". 1803 ließ er sich in dieser Funktion nach Stettin versetzen. 1817 erwarben er und sein Bruder, Ernst Gottfried von Bülow-Cummerow, die Hälfte des zum Verkauf anstehenden Gutes Mellenthin auf Usedom, wozu auch ein „verwilderter Kiefern- und Buchenwald, zwei arme Dörfer im trockenen Dünensande gelegen und ein Vorwerk am großen Gothischen See" gehörten. Die Kosten waren durch den Verkauf von Holz an dänische Händler bald mehr als gedeckt. Als Gründer einer neuen Heringsfischerkolonie und Fachmann für den Erhalt der reichen Buchenbestände ließ von Bülow auf dem Kulm, der höchsten Erhebung, ein Gästehaus bauen, das später den Namen „Weißes Schloss" erhielt. Die Empfehlung dazu kam von August Sack, Oberpräsident der Provinz Pommern. Im Laufe der Zeit dehnte sich Heringsdorf stetig aus, blieb aber noch auf das Kulmareal beschränkt, obwohl die Flut von Besuchern unübersehbar wurde.
Fanny Hensel, eine geborene Mendelssohn Bartholdy hielt sich 1839 im Ort auf und schrieb an ihren Mann. „Ich werde Dich ernstlich bereden, auf ein paar Tage herzukommen, denn Heringsdorf ist stupend schön und bleibt es, fürchte ich, nicht lange, denn die verfluchte Zivilisation mit ihren gelben und grünen Häusern fängt schon an, überall zu spuken und die schönsten Punkte zu verderben. Und das ist das besonders Schöne an unserer Aussicht hier, dass noch gar nichts Störendes sichtbar ist." Dazu sei an dieser Stelle noch einmal Heinrich Mann zitiert: „Den Häusern der Gründer fehlen Leichtigkeit und Anmut jener früheren Jahre aus der Zeit Schinkels (...). Der Natur des Meeresstrandes angepasst, stehen die Wohnungen der alten Reichen flach und maßvoll, wenn auch aus echtem Material, im Hintergrund ihrer weiten und duftenden Gärten."
Beim genauen Hinschauen sind die Spuren des von Bülow und des illustren Publikums jener romantischen Sommerzeiten noch zu entdecken. In der nach Westen sanft abfallenden Kulm- und Badstraße, dem ehemaligen Dorf Neukrug, steht das „Haus am Cliff". Auch als „Säulenhaus" bezeichnet, wurde es bald zum gesellschaftlichen Treffpunkt. Zunächst gehörte es dem Geheimen Rat Krause, der in die Geschichte als „König von Swinemünde" einging, dann den Grafen von Schwerin, der Familie Lepel sowie der Apothekerfamilie Schering.

Säulenveranda, Brüstungsgitter, Laubsägearbeiten und die Aussicht auf das Meer aus den Fenstern des kleinen Hauses in der Kulmstraße bewogen Theodor Fontane (1819-1898), dort Ende August 1863 ein Quartier zu beziehen. Er wandelte auf den Spuren seiner Kindheit, die er als Sohn des Stadtapothekers in Swinemünde verlebt hatte, und in „Meine Kinderjahre" (1893) sowie „Effi Briest" (1895) literarisch verarbeitete. Aus den Briefen an seine Frau Emilie stammen nachfolgende Zitate: „Das Zimmer, das ich bewohne, ist freundlich und geräumig; das Haus selbst allerliebst: der Blick durch die Bäume hindurch auf das graue Meer poetisch und für Herz und Sinne unendlich wohltuend. Herr und Frau Wallenstädt (die Besitzer) sind liebenswürdige Leute; die Bedienung angenehm (…).

Es beschäftigt mich ein Plan, den ich Dir durchaus mitteilen muß. Ich schwärme für ein kleines Häuschen hier; hier in Heringsdorf selbst ist der Grund und Boden schon zu teuer, aber zwischen hier und Ahlbeck, oder in Ahlbeck selbst, das eine Viertelmeile von hier gelegen ist und jetzt sehr in Aufnahme kommt (...). Dann streifte ich durch den Wald, auf der Rückkehr, mitten im Buschgrün, hörte ich Orgelklänge, denen nachgehend ich in die ‚Waldkirche' kam, die geschmackvoll mit ihrem rotbraunen Ziegelton aus dem Waldesgrün emporwächst."
Fontane kaufte kein Haus, ebenso wenig wie Lyonel Feininger (1871-1951). Der Maler reiste 1908 zum ersten Mal nach Heringsdorf und hielt sich bis 1912 jeden Sommer dort auf. Auf der Suche nach seinem Stil regten ihn Badeleben, Schiffe, das Meer selbst und die Ursprünglichkeit der Dorflandschaft an. „Ich habe heute ein Badebild komponiert auf die Leinwand, und versucht, dabei den Vorgang alles Familiären zu entkleiden, ihn so darzustellen, in Form und Rhythmus, wie ich es immer in Heringsdorf empfand unterweltlich und monumental" schrieb er im August 1913 in Auswertung und Umsetzung seiner Skizzen.
Im Sommer 1911 entzog sich Feininger dem Getümmel auf der Seebrücke, wo sich die „Menge" auf den Kaiserbesuch freute, und ging in wohltuender Einsamkeit auf der Promenade entlang, als er eine „palladianische Villa" entdeckte, die ihn sofort faszinierte. Hoher Portikus mit vorgelagerter Freitreppe, Akroterien des Giebels, Balusterattika mit Vasenaufsätzen, der sich davor befindliche Garten und der dahinter aufsteigende Wald, das verinnerlichte er und verkündet begeistert: „Ich habe gezeichnet die schöne Villa." Das Anwesen war Eigentum des Bankiers Benoit Oppenheim. Als Multimillionär galt seine Leidenschaft dem Sammeln von mittelalterlicher religiöser Schnitzkunst aus Deutschland, Flandern und Frankreich. Einzelne Stücke der „spektakulären" Oppenheimsammlung befinden sich heute im Bayerischen Nationalmuseum.

Schon bald nachdem 1876 der erste Zug aus Berlin über die neue Bahnlinie Berlin-Ducherow-Karniner Brücke-Swinemünde in der Kreisstadt eingetroffen war, forderten die Delbrücks eine Verlängerung der Strecke nach Heringsdorf. Doch erst infolge schwieriger Verhandlungen mit den Swinemündern und der Königlichen Eisenbahndirektion Berlin konnte nach einem Jahr Bauzeit die 7,71 Kilometer lange Linie endlich am 1. Juli 1894 übergeben werden. Pastor Hartwig aus Heringsdorf stellte in seiner Chronik fest: „Am 1. Juni 1911 wurde dann noch die Bahnstrecke Heringsdorf-Zinnowitz-Wolgaster Fähre eröffnet. Heringsdorf blieb Kopfbahnhof, der 1911 einen wesentlichen Erweiterungsbau erfuhr, da die Aktiengesellschaft den Durchbau der Strecke nach Bansin wegen der Anlage im Waldbezirk, der Tennisplätze besonders, nicht zuließ."

Eine Untertunnelung dieses Bezirkes erschien der Eisenbahnverwaltung zu kostspielig, und so musste die Strecke um den Wald herum nach Ahlbeck zu geführt werden. In Ahlbeck wurde eine Brücke und für die Fußgänger unter den Gleisanlagen des Bahnhofs ein Tunnel wegen des kürzesten Weges zur Bismarckwarthe gebaut. Das Hauptgebäude von 1894 besteht aus gemauertem Backstein auf T-förmigem Grundriss mit an den Giebeln weit überstehendem Dach, freiem Sprengwerk und aufwendigen Laubsägearbeiten. Der Erweiterungsbau wurde spiegelbildlich zum ersten Bau angefügt und durch einen eingeschossigen Anbau für Post- und Gepäckabfertigung ergänzt. Die Bahnsteigdächer bestehen aus gusseisernen Trägerkonstruktionen. Das sanierte Gelände des kleinsten deutschen Kopfbahnhofs ist heute Betriebssitz der „Usedomer Bäderbahn“.

Die Aktiengesellschaft dachte an die Zukunft und sicherte sich den nördlichen Dünenstreifen hinüber bis zum Langen Berg. Bald fragten interessierte Käufer nach. Frentz, ein Stettiner Kapitän, baute sich zwischen 1885 und 1900 die Villen „Haus auf dem Hügel“, „Neptun“ und „Kieferngrund“. Während beim „Kieferngrund“ Holz als Material ausschlaggebend war, ist „Neptun“ ein Steinbau mit Klinkerfassade. Das Aussehen des dritten Gebäudes wird dagegen von der Verbindung aus Klinkern im unteren Teil und Holz im Fachwerk der oberen Etage bestimmt. Den Südgiebel zieren zwei Balkons. Die Fenster besitzen im Keller und im ersten Stockwerk Stuckumrandungen sowie Fachwerkstrukturen. Am Giebel befindet sich zudem über der Spitze eine muschelförmige Rosette aus Holz. An der Ostseite schmückt ein dreieckig vorspringender Erker die Fassade, der oben in eine turmartige Spitze mündet.

Von einer zur Nordseite gehörigen Veranda hat man über eine hölzerne Treppe Zugang nach außen in den parkähnlichen Garten. Alle vier Hausfronten enden oben in Spitzgiebeln. Kapitän Frentz verstarb 1911. Die Villa „Auf dem Hügel“ führte seine Witwe bis in die 30er Jahre weiter. Von 1915 bis 1917 mietete das Grundstück der Großherzog von Mecklenburg-Strelitz, Gustav Adolf Friedrich, damals tätig im Generalstab des Heeres. Der Herzog erschoss sich noch vor Ende des Krieges, weil sein persönlicher Berater ein englischer Spion gewesen sein sollte. Ein viertes Grundstück „Auf der Düne“ gehörte dem Berliner Professor Dr. Körte. Die gegenüberliegende Straßenseite bestimmen architektonisch die Villen „San Remo“ und „Irmgard“. In der Villa „Irmgard“ weilte 1922 der russische Dichter Maxim Gorki.

BANZINO
Brasserie
P
HOTEL
ZUR POST

Ostseebad Bansin

Als sich Ahlbeck und Heringsdorf im deutschen Fremdenverkehr bereits etabliert hatten, war an das Seebad Bansin noch nicht zu denken. Die Bewohner des in erheblicher Entfernung vom Strand gelegenen Dorfes verharrten zunächst noch in den Traditionen ihrer Bauern- und Fischereiwirtschaften. Doch das sollte sich schnell ändern. Davon künden die mittlerweile vergilbten Seiten der „Führer durch die Badeorte des Verbundes Deutscher Ostseebäder" aus den Jahren 1905 und 1911: „Bansin ist ein ruhiges, vom besten Publikum besuchtes Ostseebad, in welchem kein großer Toilettenluxus getrieben wird, vielmehr ein ungezwungenes Badeleben vorherrscht. Wohl noch nie hat ein Bad ein so rapides Aufblühen zu verzeichnen gehabt. 1897 gegründet, zählt es heute bereits über 100 elegante Villen, meist Häuser, die nur christliche Badegäste aufnehmen, darunter 6 Hotels, 9 Pensionate (...). Die Villenkolonie des gleichnamigen Dorfes liegt mehr als 20 Minuten jenseits der Kreischaussee, den Blicken durch den Koppelberg (...) entzogen. Die Badeanstalten sind 1903 neu erbaut worden, und zwar zwei Herrenbäder, zwei Damenbäder und ein Familienbad, ebenso wie das mit der Warmbadeanstalt verbundene Gemeindehaus. Der Strand ist gleichmäßig, breit und steinfrei. Ein großer Park mit schattigen Wegen und Ruhesitzen, Tennis- und Kinderspielplätzen bietet angenehmen Aufenthalt."
Seine Entstehung verdankt das Bad den Initiativen einzelner weitsichtiger Bansiner und vor allem dem Reiseboom in den späten 90er Jahren des 19. Jahrhunderts. Schon beim ersten Hinschauen wird deutlich, dass der Ort planmäßig aufgebaut wurde, weil keine Rücksicht auf Vorhandenes genommen werden musste. Im Reisehandbuch der Inseln Usedom und Wollin von 1932 heißt es dazu: „Vor uns liegt ein fast geschlossener Häuserkomplex, um mehrere Längs- und Querstraßen gruppiert. Die Zufahrtsstraße, die Seestraße, ist etwa von der Mitte bis zur Kreischaussee, teils locker, teils geschlossen bebaut. Der Hauptteil der Villen aber, die dem zureisenden Badepublikum Unterkunft gewähren, liegt in nächster Nähe des Strandes längs der breiten Promenade und links und rechts der unteren Seestraße."
Die Bansiner achteten streng auf die Symbiose zwischen Meer, Strand, Wohnen und waldreicher Umgebung, wobei der Lange Berg mit seiner Steilküste für Gäste einen reizvollen Kontrast zur Niederung des Schloonsees und des seenreichen Hinterlandes bildete. Bei der Errichtung der Villen nutzten Bauherren und Bauleute neueste Techniken und profitierten von den Erfahrungen anderer Badeorte. Das sparte Kosten und vor allem Zeit. Die Architekten verweigerten sich nicht neuesten Kunstauffassungen und großstädtischen Vorbildern, wobei die Zweckmäßigkeit des Wohnens zunehmende Berücksichtigung fand. So kennzeichnet die historische Substanz des Ortes eine bemerkenswerte Geschlossenheit.
Doch Bansin ist unübersehbar auch ein Seebad der Veränderungen. Diese begannen gut 100 Jahre nach der Seebadgründung mit der komplexen Sanierung nahezu aller Villen, was als überaus anerkennenswerte Leistung zu bewerten ist und bei vielen Liebhabern der „Wilhelminischen Bäderarchitektur" das Herz höher schlagen lässt. Ein Beispiel dafür ist das Hotel „Zur Post", was links zu sehen ist. Das Haus öffnete 1902 seine Pforten als „Villa Proll" in exponierter Lage an See- und Schloonstraße und nur 150 Meter vom Strand entfernt. Mit dem Besitzer wechselte auch der Name. Während der „Aktion Rose" 1953 wurde das Hotel enteignet und verstaatlicht. Im Ergebnis der Eigentumsrückführung erfolgte bis 1993 eine umfassende Wiederherstellung, inbegriffen der originalgetreuen Nachbildung des Eckturmes.
Die Rekonstruktion setzte Maßstäbe für den Erhalt gleichartiger Bauten im Ort und wurde mit dem „Bundespreis für Handwerk in der Denkmalspflege" honoriert. So vermitteln dann auch andere wieder hergestellte Häuser Einblicke in die einstige sommerliche Lebensweise ihrer Eigentümer, seien es nun die Villen im Landhausstil an der Ostpromenade, die Pensionen in der Seestraße oder das Warmbad von 1903, heute touristisches Verwaltungszentrum der „Kaiserbäder". Rekonstruiert wurde auch das „Forsthaus Langenberg", das am höchsten gelegene Hotel der Insel Usedom. Es erhebt sich auf der Bansiner Steilküste und verdankt seine Entstehung dem Waldreichtum des Seebades. Gleichzeitig setzte um 1995 die zweite große und noch nicht abgeschlossene Phase des Bauens ein, ganz ausgerichtet an den prognostizierten Bedürfnissen zukünftiger Ostseeurlauber.

WC WC
Bahnhof
Evang. Kirche
Bücherei

ADLER-DANIA

Im Mittelpunkt der Promenade des Seebades Bansin wurden 1932 ein Konzertpavillon, ein Holzbau mit apsidial hineingewölbter Orchestermuschel und eine Normaluhr auf pfeilerartigem Backsteinsockel errichtet, die nur wenige Schritte von dem Platz entfernt sind, wo die ungewöhnliche Geschichte des Ortes begonnen hatte. Vor mehr als einem Jahrhundert betrachtete es die Aktiengesellschaft Heringsdorf als Selbstverständlichkeit, ihr Bauland, gewinnträchtiges urwüchsiges Land, bis zum Langen Berg auszudehnen. Mancher Interessent träumte bereits von einer Villa direkt am Meer, vielleicht schlicht in Fachwerk, mit einem hohen Giebel zur See ausgerichtet als geeignete Fläche für ein paar Balkone oder plante Risalite, hohe Fenster, Säulen, Brüstungsgitter, Freitreppen und Portalnischen.

Um 1885 kaufte der Berliner Emil Wichmann das einzige im Strandbereich gelegene Haus des Fischers Frank. Auf den gleichen Gedanken kam einige Zeit später der in Alt-Sallenthin lebende Schriftsteller Ernst Necker, der seinerseits ein Grundstück von den Heringsdorfern erwarb. Aus beider Bekanntschaft erwuchs die Idee, sich dem Badeverkehr zuzuwenden, wovon sich ebenfalls die Dorf-Bansiner Bauern Erdmann und Barnheide überzeugen ließen. Dem Swinemünder Lehrer und Regionalhistoriker Peter August Rolfs erzählten 1932 damals noch lebende Augenzeugen das weitere Geschehen: „Schon im Herbst 1896 schritt man zur Tat. Wie staunten die Bewohner des Hinterlandes, als mit dem Bau von vier Häusern gleichzeitig begonnen wurde. An Spöttern und Warnern mag es nicht gefehlt haben, aber die mutigen Pioniere ließen sich nicht beirren.

Das waren zwei Einheimische, Karl Schmidt aus Bansin und Hermann Krüger aus Heringsdorf und zwei Berliner, der Zahnarzt Lustig und der Handschuhfabrikant Ahlemann. Sie bauten auf bäuerlichem Gelände, nicht zu nahe der gefahrbringenden See, vielleicht auch, weil das Baugelände billiger war.“ Maschinenbaumeister Wille, dessen Schwager Rabiger und Ernst Necker kauften dann von den Delbrücks die nächsten Flächen. „Im selben Jahre noch entstanden hier ‚Meeresstrand‘, das heutige Kurhaus von Bansin, und ‚Strandhaus‘, das bis in die Nachkriegszeit im Besitz Neckers war. Heute ist es ein Heim der Gewerkschaft der Angestellten. Nun setzte die goldene Zeit des Bauens in Bansin bei Heringsdorf ein.“

An der Westpromenade stehen mit „Germania“ und „Kaiser Wilhelm“, gebaut von Heinrich Frank zwischen 1904 und 1908, zwei der charakteristischen Bansiner Hotels, wobei die offenen Loggien vom „Kaiser Wilhelm“, vormals „Seeblick“, in ihrer Bauweise denen in Ahlbeck angelehnt sind. Die Aufgänge zur höher gelegenen Bergstraße lassen Sichtraum für die dortigen Villen. Die Erschließung der Bergstraße (Foto Seite 54) dauerte nur zwölf Monate. So entstand um 1900 mit „Carola“, „Belvedere“ oder „Astrid“ eine Villenreihe mit zwei- und dreigeschossiger Prachthäusern ohne übertriebenen Prunk, deren Unterschied zu den großstädtischen Villen nur darin besteht, dass mindestens eine Loggia vorgesetzt ist.

Der steigende Wohlstand in Deutschland und die zunehmende Reiselust förderten die weitere Entwicklung des jüngsten Usedomer Seebades. Das Verkehrsproblem harrte aber noch einer Lösung und führte zu Spannungen mit Heringsdorf. Die dortigen Fuhrwerkslenker empfingen die Gäste am Bahnhof und entließen sie oftmals schon am Ende der Langenbergstraße, so dass den Neuankömmlingen ein unerwarteter Fußweg bevorstand. Jahr um Jahr wurden ohne Unterlass Villen gebaut. Ende 1910 umfasste Bansin, zwischenzeitlich kommunal selbständig geworden, bereits mehr als 100 Häuser.

Der durchdachte Wegeverlauf ließ Villen zu, an deren abgeschrägter Gebäudekante dreistöckige Türme angesetzt werden konnten. Hervorstechend sind zudem Mansardendächer und dekorative Gauben. Aufgeführt seien an dieser Stelle das Hotel „Buchenpark“, vormals „Seeschloss“, und die Villa „Waldschloss“. Eine intensive Nutzung zwischen 1920 und 1943, die Nutzung als Wohnraum ab 1945, Ganzjahresbetrieb als Ferienheime und fehlende Kapazitäten zur Fassadenerneuerung gingen an die bauliche Substanz der alten Gebäude. Reprivatisierung, Freizug und die Bereitstellung von Fördermitteln machten grundlegende Rekonstruktionen erst möglich. Manch anderen traditionsreichen Bauten in Bansin war das leider nicht vergönnt. Abgetragen wurden aus unterschiedlichen Gründen die Villen „Daheim“, „Emilie“, die Pension „Runge“ und allen voran das „Herz“ des Seebades, der „Meeresstrand“.

Trotzdem bleiben dem Betrachter noch ausreichend liebevoll wiederhergestellte Details, und er kann Formen des Jugendstils, des Neoklassizismus sowie der Neogotik mit denen in Heringsdorf und Ahlbeck vergleichen. Aber nicht nur das Äußere der Villa spielte eine Rolle, sondern auch deren Name, der sich in den wenig bebilderten Prospekten und Badeführern wiederfand und sich einprägen sollte. So ließen sich die Unentschlossenen im fernen Breslau, in Köln, München und Berlin verzaubern von „Meereswoge" und „Viamar" (Foto Seite 58), von „Anna" (Foto Seite 57), „Baldur", „Prinz Heinrich" und „Reichskanzler", und jeder konnte, egal, ob er die Natur liebte oder „deutschnational" dachte, frei wählen. Die Bansiner mochten unter Wilhelm II. am liebsten die „Hoheiten", ein wenig wegen des „Rufs", doch besonders wegen der Einnahmen, die sich auf knapp drei Monate Saison verteilten.

Marion Adomat aus Bansin, profunde Kennerin der „Seebadgeschichten“, schreibt: „Inzwischen waren Hugo und Martha Neumann Eigentümer von ‚Meeresstrand‘ und ‚Concordia‘ geworden. Auf der Promenade richteten sie unter schattenspendenden Bäumen einen Kaffeegarten ein. Zur Unterhaltung der Hotelgäste engagierten sie eine Kapelle. Wenn der Stehgeiger gefühlvoll die Toselli-Serenade erklingen ließ, schmolz die Damenwelt dahin. Nach dem Kauf des Nebengrundstücks mit den Villen ‚Am Meer‘ und ‚Meeresruh‘ stieg die Anzahl der Fremdenzimmer auf 80. Hotel ‚Meeresstrand‘ hatte ein vornehmes Publikum. Zu seinen Gästen aus dem Hochadel zählte die anspruchsvolle Victoria zu Schaumburg-Lippe, eine Schwester von Kaiser Wilhelm II. Für die Qualität des von Naumanns geführten Hotels sprach, dass sie von dem Haus Schaumburg-Lippe mit dem Titel Hoflieferant ausgezeichnet wurden. Auf allen Briefsachen durften sie unter ihrem Firmenkopf diesen Titel unter das Wappen von Schaumburg-Lippe drucken lassen. Die im Gegensatz zu ihrer Schwester Victoria sehr bescheidene Margarethe, Prinzessin von Hessen-Kassel, stieg ebenfalls mit ihrer Familie im `Meeresstrand` ab. Kurze Zeit logierte auch Großherzog Adolf Friedrich von Mecklenburg-Strelitz, der Schwarm vieler junger Mädchen, hier (…). Im Frühjahr 1920 verstarb Hugo Neumann und wurde am 8. Juni auf dem Bansiner Friedhof beigesetzt. Die Kapelle des Hotels ‚Meeresstrand‘ eröffnete an diesem Tag die Saison mit seinem Lieblingsmarsch. In den Jahren 1921/1922 ließ die tatkräftige Martha Neumann Hotel ‚Meeresstrand‘ durch einen großen Saalbau mit Foyer und Toiletten erweitern. Sie war stolz auf ihren schönen Saal, konnte sich aber nicht mehr lange daran erfreuen.“

Abgesehen von den „Fremden“ können die Bansiner auch auf bekannte „Einheimische“ verweisen, wie auf den Maler Rolf Werner (1916-1989), ansässig im Seebad ab 1956, dessen Gedenkatelier besichtigt werden kann, und Erich Jaeckel (1901-1947). Jaeckels Eltern besaßen das Sommerhaus Pension „Bansin“, heute Hotel „An der Seebrücke“ (Foto Seite 50). Weithin Ruhm erlangte Hans Werner Richter (1908-1993). Der gebürtige Alt-Sallenthiner lebte als Sohn einer Fischerfamilie ab 1910 mit seinen Eltern in Bansin. Bis 1927 absolvierte er in Swinemünde eine Buchhändlerlehre und siedelte nach Berlin über.

anno
1900
Villa Viamar
Einbahnstraße
zur B 111
FREI

Richter überlebte Krieg und Gefangenschaft, wurde in den Westzonen Mitherausgeber der Zeitschrift „Der Ruf“ und gehörte zu den Gründern der „Gruppe 47“. Der Literat engagierte sich gegen die atomare Aufrüstung, war Ehrendoktor der Universität Karlsruhe und lebte wahlweise in München oder Berlin. 1993 verstorben und in Bansin beigesetzt, ehrt ihn das Seebad mit dem „Hans-Werner-Richter Haus“, dem ehemaligen Feuerwehrgebäude beim Warmbad. In der dortigen Bibliothek findet der Besucher Richters Werke wie „Die Geschlagenen“, „Du sollst nicht töten“ oder „Deutschland, Deine Pommern“.
Der Schriftsteller Egon Richter, geboren 1932 in Bansin, studierte Germanistik und Pädagogik. Er widmete sich danach der journalistischen Tätigkeit, die ihn zur Belletristik führte. Neben „Ferien am Feuer“, erschienen 1966, bearbeitete er vorrangig Gegenwartsthemen, wandte sich aber auch historischen Stoffen zu. In jüngerer Zeit schrieb Egon Richter mehrere Bücher über die Seebäder der Insel Usedom, in denen er auf die Traditionen und die architektonischen Besonderheiten aufmerksam machte.

Im Juli 1924 berichtete ein Berliner Journalist in einem Brief an seine Familie: „Bin gestern Abend mit dem Zug in Swinemünde fast pünktlich angekommen, hatte dann aber doch den Anschluss in Richtung Bansin verpasst. Ein mit angereister Studienrat aus Koblenz ließ mich im von ihm bestellten Auto zur Pension mitfahren, so konnte ich noch einen Happen essen und habe bei offenem Fenster und dem Rauschen des Meeres doch gut geschlafen. Heute weckte mich die Sonne, Badewetter eben! Habe dann erst einmal kräftig gefrühstückt, ein wenig die Leute beobachtet, geschwatzt und die ‚Swinemünder Zeitung' studiert. Auch hier redet man über den ‚Dawes-Plan' und über die Reparationen, aber genug von der Politik.

Wie ich nebenbei hörte, soll der Thomas Mann im Ort Station machen oder in Ahlbeck. Ein Gespräch mit ihm werde ich versuchen. Die Vermieter können jeden Gast brauchen, denn die letzten Jahre gehörten nicht zu den besten im Fremdenbetrieb. Jammern tut keiner, alle hoffen auf bessere Zeiten. Als ich jedoch danach frage, wie das mit dem Freibaden so ist, ging doch von Bansin aus, wollte mir niemand antworten. (…) habe mich aufgemacht, zuerst ein Stückchen durch den herrlichen Wald und dann auf die Strandpromenade (…) einfach herrlich, die Sonne, der helle Strand, die weißen Villen. Überall stehen die Körbe und auch die Badeanstalten halten der Moral noch stand.
Ein Bäderdampfer kam herein aus Heringsdorf. Der Kapitän ist ein interessanter und weit gereister Fahrensmann, fuhr auf den großen Dampfern und auf einem Kreuzer. Er sprach vom Glück, dass er bei der bekannten Braeunlich-Reederei eine Anstellung gefunden hat. Viele seiner Kameraden sind ohne Beschäftigung, was hier auf der Insel wegen der Saison nicht so ins Auge fällt. (…) und danach gleich weiter und kurz darauf Überraschendes, das Cafe in der Promenadenvilla ‚Asgard', vorzüglich geführt von einem Winterstein, übrigens nicht verwandt mit dem Kaufmann Winterstein in unserer Straße. Das Haus ist ganz anders als die im Zentrum, da haben die Erbauer wohl Holz bevorzugt. Als der Hausherr mein Interesse bemerkte, verwies er auf die Villen im russischen Landhausstil.
Die habe ich mir dann angeschaut und neigte mehr zum Norwegischen. Na jedenfalls kaufte ich gleich die Ansichtskarten, und zu Haus könnt Ihr ja urteilen, (…) bin der Auffassung, dass dieser Teil von Bansin wohl was Besonderes ist, aber das werde ich sehen, wenn ich morgen nach Heringsdorf hinüber laufe. Am Nachmittag lockte mich zunächst ein Konzert auf der Promenade, wobei wohl eine große Konzertbühne für das Bad von Nöten wäre. Im `Meeresstrand` genehmigte ich mir noch einen Mokka und wanderte durch die westlichen Ausläufer des Langenberges hinauf zur Steilküste zum lieblichen Platz beim Forsthaus (…). Ich fühlte mich versetzt in eine Bergwelt, die unwirklich erschien wegen des Meeres vor meinen Augen."

KOS.

Ostseebad Koserow

Mit dem Namen Koserow verbindet jeder Vorpommern-Kenner die Sage von „Vineta", der reichsten Stadt des Mittelalters. Wegen des Geizes und der Gottlosigkeit ihrer Bewohner wurde „Vineta", glaubt man dem überlieferten Geschehen, über Nacht im Meer versenkt, nicht irgendwo, sondern vor der Koserower Küste oder beim nahen Damerow. Deshalb heißt das Riff im Meer auch „Vineta-Riff" und der Eigner des Hotels „Forsthaus Damerow" taufte seinen Neubau ganz im Sinne der Sage auf den Namen „Vineta". Die Existenz der slawischen Metropole Jumne-Vineta wird kaum noch angezweifelt, ihr Standort schon,

was die Koserower nicht kümmert, solange niemand das Gegenteil beweisen kann. Eine weitere Tradition in Koserow ist die Fischerei, wovon die Salzhütten unweit der Seebrücke zeugen.
Das Einsalzen, Pökeln und Packen kam mit dem Heringsfang um 1820 auf. Staatliches Salz ermöglichte damals das Konservieren des Herings. Das war notwendig, denn in Preußen drohten wegen der Kartoffelkrankheit Hungersnöte. Seitdem haben in Pommern Hering und Tüften einen sehr hohen Stellenwert. Neben einer Fischmahlzeit kann jeder Besucher sich am Beispiel der Salzhütten mit der Bauweise Usedomer Fischerhäuser, mit Fachwerk, Lehm und Schilfrohr vertraut machen.
Die dritte Traditionslinie der Koserower geht auf den gebürtigen Netzelkower Wilhelm Meinhold (1797-1851) zurück. Er wirkte als Pfarrer an der Koserower Kirche. Ihm verdanken die Pommern ihren bekanntesten Roman: „Maria Schweidler, die Bernsteinhexe, nach einer defekten Handschrift ihres Vaters, des Pfarrers Abraham Schweidler in Coserow auf Usedom“, der 1843 erschienen ist. Dem schreibenden Gottesmann blieb selbst die Anerkennung Goethes nicht versagt.

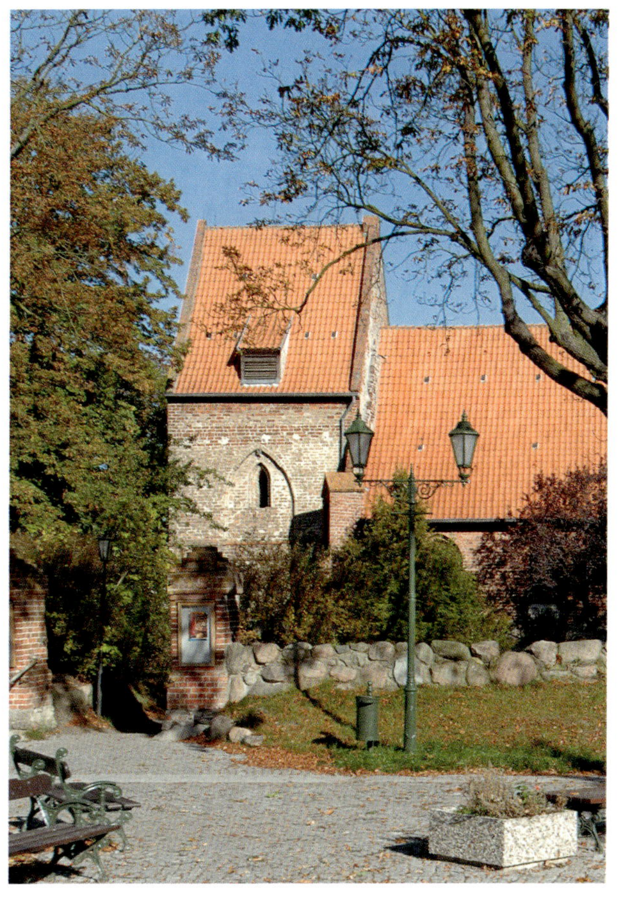

RISTORANTE & PIZZERIA
ITALIENISCHES EISCAFÉ
VERMIETUNG

Sein Arbeitgeber, die Kirche, dachte darüber anders, und die Koserower leiteten daraus ihre neueste Tradition ab, nämlich die des Bernsteins. Deshalb ist Koserow seit 2006 Marketingführer im Verbund der „Bernsteinbäder“.
Der Weg der Koserower dorthin war lang und beschwerlich, drohte doch die Gefahr hauptsächlich vom Meer, dessen Dimension von der Seebrücke aus gut zu erfassen ist. Die schweren Fluten von 1872 und 1874 im Besonderen, aber auch die Nachfolgenden verbreiteten Angst und Schrecken. Der Deich in Richtung Zempin sowie Schutzbauwerke am Streckelsberg, der höchsten Usedomer Steilküste, verdeutlichen die Sorge vor erneutem Sturmhochwasser.
Das Badewesen begann in Koserow um 1851 und wurde gefördert durch die unermüdliche Arbeit des Lehrers Karl Koch, der durch mehrere Veröffentlichungen den Ort bekannt machte, ebenso wie durch Gastwirt Hermann Beyer und den Badearzt Dr. Schmidt. Obwohl die Ausgangssituation mit der in Zinnowitz und Ahlbeck vergleichbar war, gelang den Koserowern wegen der hinderlichen Steilküste nicht der ganz große Durchbruch.

Zu eng blieb die Bevölkerung zudem mit Landwirtschaft und Fischerei verbunden, zu weit entfernt lagen die mondänen Seebäder. Unweit des alten Dorfkerns wurden jedoch nach und nach einzelne Villen gebaut, die ihr Publikum fanden, und über die 1911 vermerkt ist: „Privatwohnungen in schön gelegenen, mit Balkons und Veranden versehenen Villen sowie in einfachen, freundlichen und sauberen Häusern mit Lauben vor der Tür. Die Preise schwanken je nach Lage sowie nach Anzahl, Größe und Ausstattung der Zimmer. Am billigsten sind die Wohnungen im alten Dorfteil." Was die Besucher besonders begeisterte, waren die Wälder der Steilküste und der sagenumwobene Streckelsberg, der nach Eisenbahnanschluss 1911 zum beliebten Ausflugsziel avancierte. 1929 hatte sich das Seebad auf 6522 Gäste in der Saison gesteigert. Der Ort verfügte über die Hotels und Pensionen „Zur Ostsee", „Seeadler", „Kurhaus Charlottenhof", „Seeblick", „Deutsches Haus" sowie „Wald und See". Die bedeutendste Einrichtung blieb weiterhin Dr. Parows Ostseesanatorium, heute das „Waldschloss Parow".

Ab 1953 begann in Koserow eine neue Etappe des Fremdenverkehrs. Der DDR-Feriendienst übernahm das Objekt „Am Streckelsberg", wobei vor allem namhafte Betriebe im Seebad einzogen. Zu diesen gehörten der VEB Erdöl- und Erdgaserkundung Grimmen, das Bergbau- und Hüttenkombinat West, die Gießereianlagen Leipzig oder das Bau- und Montagekombinat Kohle Hoyerswerda.

Zu den unerwünschten Neuerungen zählte die sich ausbreitende Freikörperkultur am Koserower Strand. So geht aus einem Rundschreiben des Rates des Bezirkes Rostock von 1954 hervor: „Bevor die Saison beginnt, halten wir es für notwendig, unsere Gäste darauf aufmerksam zu machen, dass die für die Verwaltung der Ostseebäder zuständigen Stellen wegen verschiedener Ausschreitungen, die es leider im Vorjahr gegeben hat, in dieser Saison das Nacktbaden nicht zu gestatten." Am 18. Mai 1955 wurden alle Diskussionen mit der „Anordnung zur Regelung des Freibadewesens" beendet: „Das Baden ohne Badebekleidung an Orten, zu denen jedermann Zutritt hat, ist nur gestattet, wenn diese Orte ausdrücklich dafür von den zuständigen örtlichen Räten freigegeben oder entsprechend gekennzeichnet sind, oder das Baden von unbeteiligten Personen unter den gegebenen Umständen nicht gesehen werden kann."

In den letzten Jahren überschritt das Ostseebad Koserow, was die Bautätigkeit betrifft, seine bis dahin selbst festgelegten Grenzen. Eigenheime entstehen in Richtung Küste, und beiderseits der umgestalteten Hauptstraße drängt der neue Bäderstil nach vorn. Der Vergangenheit abgeschaut sind die Pavillons mit einem, zwei oder mehreren Türmen, die Spitzgiebel, Loggien, Veranden und Balkone. Das „Dorf" kuschelt sich nun noch schutzsuchender um seine Kirche, als fürchte es, bald ganz verdrängt zu werden.
Vor den Toren Koserows, dort wo nur ein schmaler Streifen Land das Achterwasser vom Meer trennt, entdeckte 1932 der Maler Otto Niemeyer-Holstein (1896-1984) sein zukünftiges Schaffens- und Lebensdomizil. Geprägt von den Kunstrichtungen der 20er Jahre, entwickelte er sich nach dem Zweiten Weltkrieg zu einem der bedeutendsten Maler Norddeutschlands. 1964 wurde ihm der Professorentitel verliehen und ab 1969 war er Korrespondierendes Mitglied der Akademie der Künste in Berlin.

Nach seinem Tod wurde „Lütten-Ort" 1984 zum Gedenkatelier und ermöglicht seitdem die Begegnung mit der Malerei und mit einem Künstler, dessen Bildmotive in der Usedomer Landschaft zu finden sind.
Als Nationalpreisträger der DDR (1974) erwarb Niemeyer-Holstein die Windmühle in Benz, ließ sie restaurieren und stellte das historische Bauwerk als kulturelles Zentrum jungen Künstlern zur Verfügung.

Die Villa „Maria“, gelegen am westlichen Ortsausgang nahe dem Buchenhain bei den Salzhütten, ist ein Musterbeispiel für die Ausprägung der Bäderarchitektur in den kleinen aufstrebenden Badeorten an den Usedomer und Wolliner Küsten unmittelbar nach 1900. Ausgerichtet nach Süden dominieren am Baukörper die vorgezogenen Seitenflügel mit Loggien.
Säulen, Hauptportal, Rundbogenfenster, Turmspitze und Fassadengestaltung galten damals als unverzichtbar, wollte der Eigentümer den Badegast für sein Haus und für das noch wenig bekannte Koserow gewinnen. Obwohl erheblich kleiner dimensioniert als die vergleichbaren Villen in den bedeutenden Bädern Swinemünde und Heringsdorf, sind Ähnlichkeiten augenscheinlich, was kein Zufall war. Das Platzangebot des Grundstückes bot die Möglichkeit, das Haus zurückzusetzen, was Raum eröffnete zur Anlage von Park und Garten.

Café & Konditorei
Marimar
Konditorei & Bistro
Café
Marimar
M. Redlin & M. Schröder

Ostseebad Zinnowitz

Das Seebad Zinnowitz liegt im nordwestlichen Teil der Insel Usedom zwischen Ostsee und Achterwasser. Ausgehend von seiner territorialen Ausdehnung und Bedeutung vervollständigt Zinnowitz gemeinsam mit Ahlbeck, Heringsdorf und Bansin das Quartett der großen Usedomer Ostseebäder. Aus Richtung des Festlandes kommend, kann sich der Besucher auf dem Weg nach Zinnowitz am bewaldeten Glienberg, der markantesten Erhebung in dieser Region, orientieren, zu dessen Füßen gut sichtbar die neugotische Kirche und das Hotel „Baltic" ihren Willkommensgruß entbieten.
Über Entstehung und Struktur des Seebades finden sich in den Reiseführern des vorigen Jahrhunderts ausführliche Beschreibungen: „1851 wurde das Seebad gegründet, das jedoch erst in den letzten drei Jahrzehnten einen größeren Aufschwung nahm. Nördlich, vom alten Dorfe dem Strande zu, führen Promenaden nach Nord- oder Berg Zinnowitz. Das Villenviertel, auf und um den Glienberg, bildet das Bad Zinnowitz. Den Mittelpunkt des Badelebens bilden die Neue Strandstraße, der Strand und das West-Ende der Waldstraße, von der Mündung der Wilhelmstraße an. Der östliche ruhigere Teil der Waldstraße führt in mäßiger Steigung hinauf zum Glienberg. Im Süden dieses Verkehrsmittelpunktes geht die Wilhelmstraße ab, an der die meisten Logierhäuser liegen. Nach Norden führt die Neue Strandstraße, der modernste Teil des Badeortes, durch die Dünenstraße gekreuzt, zum Strande; am Ende der Strandstraße das Strandhotel und das Warmbad. Die lange Strandpromenade bildet wegen ihres feinen weißen Seesandes den Lieblingsaufenthalt der Kinder. Eine Landungsbrücke mit Restaurant führt 400 Meter hinaus in die See. Rechts und links der Brücke die Badeanstalten, östlich das Familienbad und das Herrenbad, westlich das Damenbad. Gegenüber den Seebädern die Lese- und Konzerthalle mit drehbarem Musikpavillon, westlich das Kurhaus Strandhotel. Unmittelbar über dem Strande ziehen sich die mit Laub- und Nadelwald bedeckten Dünenhöhen hin. Unterhaltung gewähren die Kurkonzerte täglich einmal auf der Seebrücke und in der Lese- und Konzerthalle."
Besonders die gesellschaftlichen Umstrukturierungen im Fremdenverkehr nach dem Zweiten Weltkrieg haben in Zinnowitz ihre Spuren hinterlassen. Als Erholungsort der Industriegewerkschaft (IG) Wismut, in dem unzählige Bergleute aus den Uranbergbauzentren des Erzgebirges ihren Urlaub verbrachten, wurde der Ort mittels erheblicher Investitionen zum propagierten „Seebad der Werktätigen der DDR" ausgebaut.
Die ersten Jahre nach der Wende dokumentierte der Zinnowitzer Heimatforscher Ulrich Baenz: „Die bedeutendsten Veränderungen, die sich im Ort nach der Wende 1989 vollzogen haben, sind jene, die sich im Ortsbild auf der Wanderung entlang der Hauptstraße zum Strand hin zeigen. Sie entstanden im Zuge der Reprivatisierung von ehemaligen Ferienhäusern der IG-Wismut, aber auch durch das Wirken ihrer bisherigen Eigentümer und auf Initiative der Gemeindeverwaltung. Manch gänzlich renovierte Villa zieht die Blicke auf sich, macht aber auch deutlich, wie viel im Ort an den Häusern und Anlagen noch zu tun bleibt. Auffallend für jeden Besucher ist jedoch die schöne Strandpromenade, die kurz vor dem Beginn der Saison 1993 den Zinnowitzern und ihren Gästen übergeben werden konnte. Die Planer und Gestalter schafften hier Gärten zum Sehen, Schmecken, Hören, Fühlen und Riechen. Bäume unterschiedlicher Form und Farbe, Blattpflanzen, Bambusstauden und Pflanzen mit aromatischen Düften wurden in die schon früher angelegte Promenade einbezogen. Hecken, Ruhebänke, Lampen und Rabatten vervollständigen das Bild der Promenade, an der die renovierten Hotels, dem ursprünglichen Bäderbaustil angepasst, die Gäste zum Besuch einladen."
Das Zinnowitz der Gegenwart präsentiert sich als eines der konkurrenzfähigsten Seebäder an der deutschen Ostseeküste, was sich sowohl in der äußeren Erscheinung, als auch vom sportlich-kulturellem Angebot her zeigt. Neben Sportschule und Tennisclub etablierte sich dort die Vorpommersche Landesbühne, im Besonderen das Theater Anklam mit seiner Akademie und dem allsommerlichen „Vineta-Spektakel" sowie zahlreichen Veranstaltungen in der längst legendären „Blechbüchse".
Ebenso entschlossen sich die Zinnowitzer zur Zusammenarbeit auf verschiedenen Gebieten mit den Nachbarbädern Trassenheide und Karlshagen, wodurch neben den „Kaiserbädern" und den „Bernsteinbädern" ein dritter Verbund im Usedomer Fremdenverkehr den Weg neuer Vermarktungsstrategien eingeschlagen hat.

1851 beantragten die Einwohner des aus Parzellierung von Domänenflächen hervorgegangenen Dorfes Zinnowitz beim Landrat Ferno in Swinemünde die Zustimmung für das Erstellen von Einrichtungen am Strand, welche dem Seebaden dienen und Einnahmen bringen sollten. Dem stimmte das Amt am 26. Juli 1851 zu. Begünstigende Faktoren waren der feinsandige Strand sowie die Waldflächen um den Glienberg, also das, was schon den Heringsdorfern zum Erfolg verholfen hatte. Bei ihren Besuchen am Strand von Swinemünde schauten sich die hoch motivierten Zinnowitzer den „Umgang mit Badekarren und den daraus resultierenden Badevorgang" ab. Das Amt hatte Forderungen gestellt, wie die Errichtung von Badeanstalten. Pferde waren in ausreichender Zahl vorhanden, Badekarren und Badehütten schnell aufgebaut und die Scheu vor dem Wasser ebenso schnell überwunden. In dieser Hinsicht zeigten sich die Bauern flexibler als die zögerlichen Fischer.

Einhaltung der polizeilichen Bestimmungen, Festlegung eines Badereglements, Gründung einer Badedirektion und die Erhebung der Kurabgabe. Die Problematik mit den Badeanstalten konnten die Zinnowitzer lösen, offen blieb aber, wo die Besucher wohnen und nächtigen sollten. Von solchen Häusern, wie dem heutigen „Palace-Hotel" und dem „Preußenhof" (Fotos oben)**,** wagten die Zinnowitzer damals nicht einmal zu träumen. Dennoch ging es stetig voran. Erst transportierte der Post-Omnibus die Gäste, 1885 begann der Chausseebau und 1886 der fahrplanmäßige Dampfschiffverkehr von Karnin zum Anleger in der Störlake. 1881 beschrieb der „Badeführer" den Ort wie folgt: „Zinnowitz ist ein langgestrecktes Fischerdorf von ca. 400 Einwohnern, dessen eine Hauptstraße in spitzem Winkel auf den Strand stößt. Je mehr man sich dem Strand nähert, desto mehr verschönern sich die Häuser, die aber immer noch das Aussehen einfacher, zweistöckiger Landhäuser behalten. In der Nähe der Dünen, die auch bewachsen sind, befindet sich ein Wald, der sich an den (…) Glienberg anlehnt. Gleich am Anfang liegt das Restaurant zum ‚Wigwam', das den Vereinigungspunkt der Badegesellschaft bildet. Hier finden die zwanglosen Tanzvergnügen statt, und hier läßt auch die Wolgaster Stadtkapelle ihre Weisen ertönen (…). Ein breiter Strandweg führt zur See, an der sich seit Mitte der siebziger Jahre ein gesondertes Herren- und Damenbad befindet. Der Preis des Bades beträgt 25, im Abonnement 20 Pfennige, jedoch genügt die Einrichtung der Bäder der immer mehr wachsenden Frequenz nicht. Auch das auf einer Düne am Strande gelegene Haus für warme Seebäder ist zu klein. Da die Wohnungen in der Niederung und im Walde etwas feucht sind, werden immer mehr Villen auf der nördlichen Seite des Glienberges gebaut. Dieselben umkreisen fast schon die ganze Seite des Berges. Oben auf der ca. 50 m betragenden Höhe des Glienberges liegen die beiden feinsten Hotels des Badeortes, das Hotel ‚Kagemann' und Hotel ‚Belvedere'." Beide Häuser erwarb 1927 die Stiftung der Deutschen Reichsbahn und baute sie zum Waisenhaus um. 1957 wurde daraus als Einrichtung des Gesundheitswesens das Kinderkurheim „Erich Steinfurth". In den Stranddünen öffnete 1880 das „Strandhotel", wobei sich die Bebauung dieses Areals kontinuierlich fortsetzte. Das war nicht verwunderlich, gab es doch außer in Bansin nur noch in Zinnowitz ausreichend Entfaltungsmöglichkeiten für die Baulust wohlhabender „Fremder".

Im April 1909 legten die Gemeinde, die Baufirma Spruth und die Braeunlich-Reederei Stettin den Bau eines Schiffsanlegers fest, der noch im gleichen Jahr seiner Bestimmung übergeben werden konnte. Die dadurch komplettierte „Vinetabrücke" verwies damit auf eine stolze Länge von 350 Metern und ermöglichte Schiffsfahrten bis hinüber zur Insel Rügen.
Der neueste Zinnowitzer Seesteg wurde am 2. Oktober 1993 eingeweiht. Er ist integriert in die Seebäderlinien regionaler Reedereien und verfügt über eine attraktive Konstruktion. Mittels einer Tauchgondel geht es mehrere Meter hinab in die Tiefe der See. Geschützt durch die sichere Ummantelung des Gefährts erschließt sich dem Mutigen eine faszinierende multimedial präsentierte Unterwasserwelt.
Vom Kopf des Steges schaut der Besucher auf den Peenemünder Haken, auf die Koserower Steilküste und auf die Insel Greifswalder Oie. Dem Land zugewandt blickt er auf das Hotel „Preußenhof" und auf den Turm des Hotels „Dünenschloss". Rechter Hand erhebt sich hinter den Dünen das „Palace-Hotel" (Foto oben). Der „Preußenhof" (Foto Seite 75) wurde 1880 als „Strandhotel Kurhaus" eröffnet und erhielt 1898 einen Saalanbau. Das Haus, architektonisch bestimmt durch drei Türme, beherbergt heute als gastronomische Einrichtung ein Cafe mit Sachzeugen der Badegeschichte und entspricht in seiner äußeren Form dem Erscheinungsbild des Jahres 1909.
Nach zweijähriger Bauzeit hatte 1900 der Kaufmann Schwabe westlich vom „Strandhotel" einen weiteren Großbau im Seebad fertiggestellt. „Schwabes Hotel" galt lange Zeit als führendes Haus im Ort. Die hoch aufstrebende, fast schnörkellose Vorderfront, der quadratische, mittelalterlich anmutende Turm sowie die zwei Ecktürme strahlten Solidität, Sicherheit und Festigkeit aus. „Schwabes Hotel" kann auf eine wechselvolle Geschichte zurückblicken. Es überstand die Unterbringung deutscher und russischer Raketenspezialisten in den 40er Jahren sowie die Enteignungswelle „Aktion Rose" 1953. Bis 1990 nutzte es die „Wismut" als Ferienheim, dann verkaufte es die Besitzerin an einen neuen Eigentümer. 1994 erwarb es eine Berliner Fluggesellschaft, sanierte das Gebäude und eröffnete es als Fünf-Sterne-Hotel unter dem Namen „Palace-Hotel".

In der Kaiserzeit entwickelte sich Zinnowitz innerhalb kurzer Zeit zu einem Seebad 1. Ranges. Es hatte mit Misdroy auf der Insel Wollin und Heringsdorf nur zwei ernsthafte Mitbewerber. Das „Publikum“ schätzte vor allem die gediegenen Villen entlang der Strandpromenade, der Neuen Strandstraße und der Dünenstraße. „Asgard“, „Kormoran“, „Zinnowitzer Hof“, „Seeschlösschen“, „Dünenschloss“ (Foto Seite 79), „Haus am Meer“ (Foto Seite 80) oder „Schwalbennest“ zählen zu den schönsten Häusern der „Wilhelminischen Bäderarchitektur“ im Seebad. Auffällig in Zinnowitz ist dabei die Anhäufung von Turmaufbauten als Merkmal des Jugendstils.

Ganz im Sinne und in Fortführung der heiter-ironischen Betrachtungen des Schriftstellers Hans Werner Richter in „Deutschland, Deine Pommern" trifft vieles davon auch auf Zinnowitz zu: „Die neue Oberschicht der schnell wohlhabend gewordenen Unternehmer nebst Hund, unverheirateter Tochter und Gattin bereicherte die Gesellschaft in den Bädern. Für die Badelustigen erdachten beflissene Staatsdiener Ordnungen, Verordnungen, Gebote und Verbote, deren Nichtbeachtung eine sofortige Ausweisung zur Folge haben konnte. All das stand zur vorherigen Kenntnisnahme in Reiseführern, Amtsblättern und bald auch im regelmäßig erscheinenden „Badeanzeiger".

Verschreckt durch solcherlei Einschüchterungen und in Ermangelung der Fähigkeit des Schwimmens scheute sich der Gast noch mehr vor dem eigentlichen Bade und wählte deshalb lieber Promenade, Kurhaus und Pension oder zog sich in sein Zimmer zurück, um in der sonnendurchfluteten Veranda über das Treiben nachzudenken. Andere Herrschaften beobachteten im Anzug, Kleid und Sonnenhut das Meer, schwitzten, lasen, schütteten dauernd den Strandsand aus den Schuhen oder schürften in diesem herum, wodurch die Strandburg erfunden wurde. Am Nachmittag sahen sich alle wieder auf dem Konzertplatz, wo Militärkapellen zackige Märsche spielten und die Kinder im Matrosenanzug umhertollten. Die Männer tranken Wein und Sekt, die Damen bevorzugten Kuchen oder Eis mit Schlagsahne. Abends trafen sich die Herrschaften zum Tanz im Kurhaus, nicht lange, denn die viele frische Luft zwang sie, früh zu Bett zu gehen. In den 20er und 30er Jahren bemühten sich die Zinnowitzer, Etikette zu bewahren. So widmeten sie sich dem Bau der Straßen, da immer mehr Besucher mit dem Auto anreisten, und der Promenade, die ihre Anziehungskraft nicht verloren hatte, ebenso wie der Strand, der am Tag zum Sonnen und Baden und bei Dunkelheit mit amourösen Abenteuern lockte."
Da Zinnowitz den Krieg unbeschadet überstanden hatte, wurde der Ort nach Gründung des FDGB-Feriendienstes ausgewählt, „Seebad der Werktätigen" zu werden. 1953 stand Zinnowitz mit 24500 Kurgästen bereits an dritter Stelle aller Badeorte an der Ostseeküste. Dann zog die Industriegewerkschaft Wismut ein und schickte Bergleute an die See. Die alten Häuser erhielten bald andere Eigentümer und andere Namen wie „Glück auf", „Erzhammer" und „Otto Schmirgal". Neues musste geschaffen werden und das sollte nichts mehr mit der Architektur des Adels und der Bourgeoisie zu tun haben. 1953 begann der Bau eines monumentalen Kulturhauses, vollendet 1957 und eröffnet unter dem Namen „Deutsch-Sowjetische Freundschaft". Die Entwürfe erarbeiteten die Architekten Ulbrich, Möhring und Litzkow, die sich an sowjetischen Vorbildern orientierten. Die H-förmige Anlage besteht aus zwei- und dreigeschossigen Putzbauten mit Attika. Mittelpavillon mit Pfeilerportikus und Freitreppe flankieren zwei einachsige Risalite. Die weiteren Flächen des Baukörpers sind durch Lisenen gegliedert.

Schlichte langgestreckte Putzbauten stellen die Verbindung zu den Seitenflügeln her. An der vorderen Seite befindet sich je ein von Pilastern flankiertes, von Lisenen und Bändern eingefasstes Portal mit zweiläufiger Treppenanlage davor. Der Saal fasste 900 Personen und der Speisesaal hatte 400 Plätze. Clubräume, Bibliothek und Tanzcafe waren ebenfalls vorhanden.
1953 ließ die IG-Wismut zwischen der Seestraße und den Tennisplätzen eine Waldbühne für 2000 Zuschauer anlegen. Diese Einrichtung wurde bald zu einem gefragten kulturellen Anziehungspunkt, zumal dort oft populäre DDR-Interpreten und Gruppen auftraten.

1975 erfolgte die Grundsteinlegung für das Ferienheim „Roter Oktober“, heute Hotel „Baltic“, dem größten Bauvorhaben in der Zinnowitzer Geschichte. Das Objekt wurde 1977 zur Nutzung freigegeben. Es verfügte über eine Kapazität von 1000 Betten, eine Großküche, mehrere Restaurants und Sportstätten. Das Haus entsprach dem damals in der DDR vorherrschenden Baustil, der in Form und Umfang nicht mehr an regionalspezifische architektonische Elemente gebunden war und mit der ursprünglichen Bäderarchitektur vollständig brach.
1982 wurde in Zinnowitz das erste Meereswasserhallenbad der Insel Usedom seiner Bestimmung übergeben, welches Urlaubern, Einwohnern und schulischen Einrichtungen zur Verfügung stand. Die Einrichtung war und bleibt ein unverzichtbarer Bestandteil des insularen Fremdenverkehrs.
Die Sanierung des Kulturhauses, begonnen 1987, sollte bis zum „Tag des Bergmanns“ im Juli 1992 abgeschlossen werden, was die Auflösung der IG-Wismut und des FDGB-Feriendienstes 1990 jedoch verhinderten. Binnen eines Jahres verkam das Kulturhaus zur Ruine. Allen Plänen zur Gesamtrekonstruktion blieb die Realisierung, zumindest bis 2008, versagt.
Beim Bummel auf der Promenade oder entlang der Dünenstraße sind die Dimensionen der Veränderungen, die sich in den vergangenen Jahren vollzogen haben, unübersehbar. In Zinnowitz vermochten Fördermittel und private Investitionen das historisch Gewachsene nicht nur zu erhalten, sondern, wo mittlerweile verschwunden, wieder zu komplettieren. Neue Bauten mussten sich harmonisch in den Bestand einfügen, so wie das Travel Charme „Strandhotel“, auf dem Foto links zu sehen, oder die Appartement- und Geschäftsanlage „Luise von Preußen“.

Der abwechslungsreichste Weg in das Zinnowitzer Hinterland führt über den Glienberg sowie durch die Allee der Hafenstraße zum Achterwasser, wo sich der bescheidene Schiffsanleger an der Störlake über die Jahre zu einem Seglerhafen gewandelt hat.
Hinter den Häusern des alten Dorfes Zinnowitz verweist die Neuendorfer Straße auf die Halbinsel Gnitz. Dort kann der Besucher nicht nur ein Naturparadies entdecken, sondern wird auch in die frühe Geschichte der Insel Usedom zurückversetzt. So erwartet ihn bei Lütow das einzige noch erhaltene Usedomer „Hünengrab“. Im Pfarrhaus an der Netzelkower Kirche wurde am 27. Februar 1797 Wilhelm Meinhold geboren.

Am Ufer der Krumminer Wiek lag bis zur Reformation das einzige Nonnenkloster der Insel Usedom. An die „verschwundene" Anlage erinnern nur noch Feld- und Backsteinreihen im Langhaus der späteren Ortskirche. Alle anderen steinernen Relikte des Klosters fanden wahrscheinlich beim Ausbau des Gutsdorfes Verwendung. Südwestlich der Dörfer Neeberg, Zemitz und Sauzin verläuft bereits der Peenestrom, an dessen gegenüberliegendem Ufer sich die Peene-Werft sowie das historische Zentrum der ehemaligen pommerschen Herzogstadt Wolgast ausbreiten. Wen es dagegen zurück an die Küste nach Trassenheide und in das Ostseebad Karlshagen zieht, der sollte gleich die reizvolle Krumminer Allee wählen.

Ostseebad Karlshagen

Im Jahr 1911 bestand der Badeort „Carlshagen“ lediglich aus der direkt am Strand erbauten, von herrlichen Waldungen umgebenen Villenkolonie, 20 Minuten vom gleichnamigen Dorf entfernt. In der nur mit Pferdegespannen erreichbaren Naturidylle erwarteten die damals 1800 Saisongäste Badeanstalten, Warmbad, Tennisplatz sowie die Logierhäuser namens „Waldesblick“, „Fortuna“, und „Sommerheim“. Das Bad Karlshagen jener Zeit sucht der Gast heute vergeblich. Was er vorfindet, ist ein Seebad des dritten Jahrtausends.

Der Ort wurde seit 1992 im Kern neu aufgebaut und dokumentiert auf der Insel Usedom den vorläufigen Abschluss der Entwicklung von Bäderarchitektur im weitesten Sinne. Die Häuser in der Strandstraße, der Konzertplatz, das Hotel „Dünenschloss" und der „Strandpalast" (Foto Seite 88-89) sind Beispiele dafür. Das Aufbauprojekt, welches in der frühen Nachwendezeit seinen Anfang nahm, erwuchs zwangsläufig aus den im Raum Karlshagen vorherrschenden Bedingungen. So konnte der Badeortgründer Elsner, ein Berliner Architekt, seine Pläne aufgrund komplizierter Besitzverhältnisse und fehlender Verkehrsanbindung in den 80er Jahren des 19. Jahrhunderts nur teilweise realisieren.
Der sich abzeichnende Aufschwung zwischen 1927 und 1935 wurde abrupt unterbrochen. Für den Peenemünder Haken hatten Reichswehr- und Wehrmachtsführung eine Versuchsanstalt für Fernwaffen vorgesehen. Unter technischer Leitung des Ingenieurs Wernher von Braun begann der Aufbau der Heeresversuchsanstalt Peenemünde sowie in Verantwortung der Luftwaffe die Errichtung der Luftwaffenerprobungsstelle Peenemünde-West. Die Entwicklung der A4-Rakete (V2) und der fliegenden Bombe Fi 103 „Kirschkern" (V1) als bekannteste Projekte eines ganzen Arsenals von Sonderwaffen bezog den gesamten Peenemünder Haken in das Sperrgebiet ein. Neben Verladebahnhof und weiteren Einrichtungen erfolgte in Regie des Rüstungsministers Albert Speer der Bau einer großen Wohnsiedlung in Karlshagen zur Unterbringung der in den Forschungsstellen Beschäftigten. Einzelne dieser Reihenhaus-Bauten in der traditionalistischen Linie der „Heimat-Stil-Architektur" (Foto Seite 91) blieben als Wohnhäuser erhalten. Mehrere anglo-amerikanische Luftangriffe auf das deutsche „Geheimwaffenzentrum" hinterließen im Gesamtareal Karlshagen starke Zerstörungen. Nach dem Zweiten Weltkrieg besetzte zunächst die Rote Armee das Gebiet. Ab 1951 rückte in Peenemünde die Seepolizei ein, aus der 1956 die Volksmarine hervorging und deren größter Flottenstützpunkt entstand. 1961 setzte die Stationierung des Jagdgeschwaders 9 (JG-9) der Luftstreitkräfte der DDR ein. Für die Armeeangehörigen wurden in Peenemünde und Karlshagen mehrstöckige Plattenbauten, Verkaufseinrichtungen, eine Schule sowie Kindereinrichtungen gebaut.

Die aus militärischen Belangen heraus entstandenen Zweckbauten mussten ab 1990 integriert werden. Von der Ausweitung des DDR-Fremdenverkehrs blieb trotz NVA der Ort Karlshagen nicht ausgeschlossen. 1969 hatte das Ostseebad 2170 Einwohner und verbuchte 20 000 Feriengäste. Diese hielten sich in mehreren Betriebsferienheimen Volkseigener Betriebe, in Kinderferienlagern und Zeltlagern auf.

Wirtschaftlicher Schwerpunkt war die Fischerei. Die erste Fischereiproduktionsgenossenschaft auf der Insel wurde 1957 von Einzelfischern in Karlshagen gegründet. An Stelle der dürftigen Geräteschuppen errichtete man eine moderne Fischereifahrzeug- und Gerätestation, große Fischhallen, umfangreiche Verarbeitungseinrichtungen, Netzböden und Materiallager, eine Eisfabrik, Tiefgefriertunnel und zweckmäßige Verwaltungsgebäude.

Das Kernstück bildete die Kutterflotte, deren Bestand von einem Siebzehn-Meter-Kutter von 1955 bis 1975 auf über 70 Schiffe angewachsen war. Die mit modernen Funk- und Ortungsgeräten ausgestatteten Typenfahrzeuge ermöglichten es den Fischern, auch entfernte Fangplätze anzulaufen, rationelle Fangmethoden anzuwenden und zu höheren Produktionsformen überzugehen. 1979 umfasste das Betriebsgelände den gesamten Hafen Karlshagen, der eine Hinterlassenschaft des Peenemünder Raketenzentrums ist.
Die grundlegenden ökonomischen Veränderungen in Europa und politischen Strategien des wieder aus der Taufe gehobenen Landes Mecklenburg-Vorpommern ließen dem leistungsfähigen Fischereibetrieb keine Chance. Das hatte dramatische Auswirkungen auf die regionale Fischerei und die Arbeitsplatzsituation in einer Region, wo sich zeitgleich die NVA-Standortauflösung vollzog.

An die Fischerei erinnern im Hafen von Karlshagen nur noch einzelne Privatfischerboote, ansonsten hat auch dort der Fremdenverkehr Einzug gehalten. Wo früher das „Silber des Meeres“ verarbeitet wurde, erwarten nun hochklassige Appartements Feriengäste, die das nahe Wasser nicht scheuen. Im Hafenbecken liegen Segeljachten (Foto Seite 92-93), sicher geschützt vor den Unbilden des Wetters, sowie Spezialschiffe des WSA Stralsund. Ein Usedomer Reeder nutzt den Hafen als Ausgangspunkt für Touren nach Wolgast, in den Greifswalder Bodden, zur Insel Ruden und hinüber zum Festland in das Fischerdorf Freest.

Zu den Errungenschaften gehören unbestreitbar der Erhalt der vielfältigen Landschaft an den Ufern des Peenestroms sowie die schützenswerten Küstenwälder, ein Erlebnis für die zahllosen Naturfreunde sind, die schon 1932 resümierten: „Im Spätsommer ist es still hier draußen. Die Städter sind gegangen wie bunte Sommervögel, die vor der Kälte fliehen. Neue Gäste sind über das Meer zugewandert: Strandläufer. In den Wäldern längs der Küste lärmen die Stare. Der Strand geht zu Ende. Zur Linken springt der Wald zurück und schafft Raum für die ausgedehnten Wiesenflächen mit ihren Schilf- und Rohrplänen.“

ARMADA
YAMAHA

Lapaloma
HST-D96
KARLSHAGEN

AHLBECKER HOF
HOTEL

Texte
Dietrich Gildenhaar

Farbfotos
Volker Schrader

Lektorat
Katharina Beier

Gestaltung
Volker Schrader

Küstenland
Landschaftsfotografie und Eigenverlag
Volker Schrader
Friedrich-Loeffler-Straße 10
17489 Greifswald

Tel: 03834/765892; Mobil: 0175/3316654
Mail: v.schrader@kuestenland-mv.de

ISBN: 978-3-00-025630-1

Verwendete Literatur

Adomat, Marion, Bansin, Von der Gründung bis zum II. Weltkrieg, Demmler Verlag Schwerin 1998
Badeprospekte der Seebäder Ahlbeck, Heringsdorf, Bansin, Koserow, Zinnowitz, Karlshagen, Einzelausgaben von den Anfängen bis 2001, Herausgeber: Badedirektionen und Kurverwaltungen der Seebäder, Archiv Rusch, Landesarchiv Mecklenburg-Vorpommern, Privatsammlungen
Baenz, Ulrich, Zinnowitz-Seebad auf Usedom, Axel Dietrich Verlag Peenemünde 1993
Brockhaus Reisehandbuch Ostseeküste, Brockhausverlag Leipzig 1970
Briefe von der Ostsee, Sammlung H.M. Steinberg um 1930 (unveröffentlicht)
Die Bau- und Kunstdenkmale in Mecklenburg-VorpommernVorpommersche Küstenregion, Henschel Verlag Berlin 1995
Dokumente des Rates des Kreises Wolgast 1952 - 1989, Kreisarchiv des Kreises Ostvorpommern Anklam
Führer durch die Badeorte des Verbundes Deutscher Ostseebäder, VDOB Berlin 1905, 1907, 1911
Gildenhaar, Dietrich, Geheime Kommandosache, Peenemünde-West, Rhinoverlag 2008
Gildenhaar, Dietrich, Seebad Ahlbeck, Entwicklung eines Badeortes, Rhinoverlag 2008
Gildenhaar Dietrich, Seebad Heringsdorf, Entwicklung eines Badeortes, Rhinoverlag 2008
Hess, Wolfgang, Häuser und Bauten in Heringsdorf, AK-Reihe, Kurierverlag Neubrandenburg 1995
Hüls, Wilhelm; Böttcher, Ulf, Bäderarchitektur, Hinstorff Verlag Rostock 1998
Käding, Susanne, Aspekte der Bäderarchitektur an der Ostseeküste-Fränkische Schweiz, Facharbeit des Gymnasiums Fränkische Schweiz Ebermannstadt 2001
Ostvorpommern - Der Landkreis mit Kaiserbädern und Hochtechnologiestandorten, Medien- und Marketing GmbH Neubrandenburg 2007
Koserow als Ostseebad und Kurort, Seebadführer, Koserow 1909
Lichtenau, Bernfried, Usedom als Künstlerinsel, Atelier im Bauhaus 1993
Meyers Reisebücher, Rügen und die Ostseebäder Pommerns, Bibliographisches Institut Leipzig 1921
Repel, Martin, Pommern, Handbuch für Reisen und Wandern, Stettin 1932
Reid, Richard, Baustilkunde, Verlag E.A.Seemann 2005
Richter, Egon, Bansin, Konrad Reich Verlag Rostock 1990
Richter, Egon, Seebad Bansin, Entwicklung eines Badeortes, Rhinoverlag 2008
Richter, Hans Werner, Zeugnisse seines Lebens und Schaffens, Sammlung Hans Werner Richter-Haus Seebad Bansin
Rolfs, Peter, August, Die Insel Usedom; Die Insel Wollin, Swinemünde 1933
Rusch, Erhard, Heringsdorfer Geschichten, Usedomer Fotoagentur Benz 2003-2005
Stutz, Grundner, Bäderarchitektur, Hinstorff Verlag Rostock 2004
Griebens Reiseführer, Pommern, 1921/1925, Grieben - Verlag A. Goldschmidt Berlin, 1921/1925
Das Ferien- und Bäderbuch der DDR, Verlag Tribüne Berlin, 1962/1975
Urlaub, Klappfix, Ferienscheck, Reisen in der DDR, Eulenspiegel Verlag Berlin 2003
Wille, Hermann Heinz, Die Insel Usedom, Hinstorff Verlag Rostock 1964
Wegener, Georg, deutsche Ostseeküste, Velhagen und Klasing Leipzig 1900
Zinnowitz, Geschichtliche Zeittafel, Sylt Reprint Hörnum/Sylt 1999
100 Jahre Seebad Bansin, Bansin 1997
700 Jahre Kloster Krummin - Eine Spurensuche, Karlshagen 2005

Der Bildautor und Herausgeber

Volker Schrader ist Diplom-Landschaftsökologe und seit 2002 freiberuflich als Landschaftsfotograf tätig. Zunächst fotografierte er für die Edition Temmen Bremen und arbeitete an zahlreichen Veröffentlichungen über Mecklenburg-Vorpommern mit. Im Jahr 2006 hat er mit der Erarbeitung der ersten eigenen Bildbände begonnen und die Verantwortung für die Gestaltung sowie die Herstellung der Bücher übernommen.
Im Selbstverlag „Küstenland“ sind neben dem vorliegenden Bildband im Jahr 2007 erschienen:
„**Insel Hiddensee**, *Eine Bilderreise*“ und „**Südost-Rügen**, *Eine Bilderreise von Mönchgut bis Putbus*“